企鹅营销学

让你的品牌与众不同的方法

[加]比尔·毕晓普——著
（Bill Bishop）

白永明——译

THE PROBLEM
WITH PENGUINS

中国科学技术出版社
·北京·

THE PROBLEM WITH PENGUINS by BILL BISHOP
Copyright © 2010 BY BILL BISHOP
This edition arranged with SEVENTH AVENUE LITERARY AGENCY
through BIG APPLE AGENCY, LABUAN, MALAYSIA.
Simplified Chinese edition copyright:
2022 China Science and Technology Press Co., Ltd.
All rights reserved.

北京市版权局著作权合同登记　图字：01-2022-3017。

图书在版编目（CIP）数据

企鹅营销学：让你的品牌与众不同的方法 /（加）
比尔·毕晓普（Bill Bishop）著；白永明译 . — 北京：
中国科学技术出版社，2023.3
书名原文：The Problem With Penguins
ISBN 978-7-5046-9905-3

Ⅰ.①企… Ⅱ.①比… ②白… Ⅲ.①市场营销学
Ⅳ.① F713.50

中国国家版本馆 CIP 数据核字（2023）第 029363 号

策划编辑	何英娇 杨 硕	责任编辑	申永刚
封面设计	仙境设计	版式设计	蚂蚁设计
责任校对	张晓莉	责任印制	李晓霖

出　　版	中国科学技术出版社
发　　行	中国科学技术出版社有限公司发行部
地　　址	北京市海淀区中关村南大街 16 号
邮　　编	100081
发行电话	010-62173865
传　　真	010-62173081
网　　址	http://www.cspbooks.com.cn

开　　本	880mm×1230mm　1/32
字　　数	99 千字
印　　张	5.75
版　　次	2023 年 3 月第 1 版
印　　次	2023 年 3 月第 1 次印刷
印　　刷	大厂回族自治县彩虹印刷有限公司
书　　号	ISBN 978-7-5046-9905-3/F·1096
定　　价	49.00 元

（凡购买本社图书，如有缺页、倒页、脱页者，本社发行部负责调换）

前　言

四千个大创意：数钱吧

在过去的二十五年里，作为一名商业教练、演讲家、作家和毕晓普传媒集团（Bishop Communications Inc.）的首席执行官，我掌握了很多销售及市场营销方面的知识，其中有一点最为重要：如果你想在商业领域取得成功，就要有大创意——能吸引潜在客户的注意，使你在竞争中脱颖而出的，新的、好的、不一样的想法。如果没有大创意，无论你的战略和战术执行得多么好，可能都无法发挥作用。这是因为你的想法要么很无聊，要么很普通，要么与你的竞争对手所提供的产品和服务趋同。

这就是我创建"大创意历险"项目的原因。这是一个有条不紊、循序渐进的过程，能帮助公司、企业家和销售人员创造、包装和销售新的大创意。我们的教练员愿意指导大家完成这一过程，而且能让你看到立竿见影的效果。当大创意在脑海中闪现时，我们的成员会非常兴奋，并更加坚定地走向成功的彼岸。我们见证了许多令人难以置信的成果。已经拥有大创意的成员们，生意做得风生水起，钱赚得盆钵满盈。有些人已经赚了几百万美元。他们还为世界做了许多贡献。相信世界会因此变得更加美好。

自从我们创建这个项目以来，北美和世界各地有四千多家公司体验到了大创意带来的喜悦。我希望这本书也能让你受益。（欲了解更多信息，请访问网址 www.BishopBigIdeas.com）

导　　言

企鹅问题

不久前，我看了一部名为《帝企鹅日记》（*March of The Penguins*）的精彩电影，也许你也看过。这部影片讲述了帝企鹅在南极洲的生活。数十万年来，一代又一代的企鹅跋涉120千米，到达同一处繁殖地。

这部电影里，有一个特殊的场景吸引了我，那就是成千上万只企鹅抱团取暖。让我感到惊奇的是，它们看起来几乎一模一样。你根本无法区分其中的任何一只。事实上，企鹅们自己也很难区分彼此。在它们看来，其他企鹅几乎也是一模一样的！

看了这部电影，我忽然意识到，大多数商人面临着同样的问题。他们看起来太像自己的竞争对手了。他们销售类似的商品，提供类似的服务，说同样的话，做同样的事。当然，可能会有一些微小的差异，但从市场的角度来看，在潜在客户的眼里，这些商人就和一群企鹅没有差别。

解决"企鹅"问题很重要，因为如果你想在当今这个日渐拥挤且竞争激烈的市场中脱颖而出，你需要做一些大的、引人注目的事情。每天有越来越多的"企鹅"进入你的"领地"，而且看起来都很像你。在搜索引擎上输入你的产品或服务的名称，看看会有多少条结果？我试着用"财务顾问"这个词搜索了一下，得到的结果有 2870 万条。2870 万！而这只是那些拥有个人网站的财务顾问的数量。

如果你想赚更多的钱，"企鹅"问题就是一大障碍。因为潜在客户会认为你和你的竞争对手没什么不同，所以他们自然会选择报价最低的供应商。

如果你想吸引更多优秀的潜在客户，那么"企鹅"问题将会是个拦路虎。如果你和其他"企鹅"没有什么区别，潜在客户为什么偏偏要找你？他们已经厌倦了老古董，想要新的、好的、不一样的体验。

如果你想发展业务，"企鹅"问题也是个绊脚石。如果你和你的竞争对手卖一样的东西、做一样的事情的话，你将很难实现飞跃式增长。进入门槛很低的行业将渐渐被"企鹅"挤满，供应将大于需求，你的业务增长将停滞，甚至下滑。

这就是为什么你一定要解决"企鹅"问题的原因。

同样重要的是要认识到，"企鹅"问题是当下的新问题。

在过去，当一只普普通通的"企鹅"，也能过上不错的日子。那时候，竞争不那么普遍。例如，在 20 世纪 60 年代，我父母经营着一家公关公司。他们的竞争对手屈指可数，有足够多的生意可以做。他们不必操心自己是否与众不同，因为需求大于供给。

但现在世道已经变了，你的行业里到处都是"企鹅"。他们正跨越国界，通过互联网抢占你的市场，甚至从其他行业向你靠拢。律师变成财务顾问，电脑制造商转为娱乐公司，咖啡店在销售音乐光盘。你舒适的小"冰流"越来越拥挤，大伙儿都在追逐同一个客户。

读到这里，你可能会想，"我们又不是企鹅。我们与竞争对手根本不一样"。你说的没错，但问题是：潜在客户能把你和其他"企鹅"区分开来吗？他们能很快找出你的不同点吗？毕竟，每只"企鹅"都是独一无二的，有着不同的思想、情感和才能，但是无人能知晓，因为"企鹅"们看起来一模一样。

这就是我写这本书的原因，我想帮助你"鹤立企鹅群"。否则，你可能会耗费大量的时间、金钱和精力去做一些无效的营销活动——没有解决"企鹅"问题，做什么都是白搭。

在本书中，我将解释为什么要开发大创意——新的、好的、不一样的想法，这将使你与其他"企鹅"截然不同。我会教你如何想到大创意以及如何做品牌策划、包装和推广。我还想告诉你，在过去的 20 年里，我们帮助客户成功包装和推销了几十个大创意。

需要说明的是：这本书是为那些想要通过实际行动，把事情做好的商业人士准备的。你可能读过关于这个主题的其他书籍，例如《蓝海战略》（*Blue Ocean Strategy*）或《紫牛》（*Purple Cow*），或者与品牌策划和包装理论方面的教练员合作过。但这本书不一样，它一步步仔细讲解了你需要做些什么来将你的大创意快速推向市场——这样你就可以吸引更多的新客户，赚更多的钱，并尽快发展你的业务。

如果你下定决心甩掉那些讨厌的"企鹅"，请继续读下去。

目　录

第三部分　包装大创意

第四部分　推销大创意

第五部分　一定会有出路

第一部分

走出冰流

PART 1

第一章

满洲商人：为什么大创意凤毛麟角

假设你是一只企鹅。要想出类拔萃，你需要有"大创意"。大创意不是随便一种想法，而是真正的好主意。做到不一样还不够，你必须和别的企鹅迥然不同。

打个比方，你房间的温度约为22.2℃，有人把暖气调到大约22.8℃。温度变了，但你注意到了吗？应该没有，因为差别不大。

许多商人犯了这样的错误。他们做了一些改变，但区别只有那么一点。他们改变产品的颜色，或者提供更好的赊账条件，但是这些补充和调整无关痛痒。一般人看不出他们和其他"企鹅"有何不同。

但如果把温度提高到32℃呢？你会注意到吗？当然会。那种环境会很热！你会开始流汗，并脱下毛衣说："喂，谁把温度调高了？热死人了。"

所以我的建议是：如果想让别人注意到你，就要下大功夫，做一些真正非同凡响的事情。这就是我所说的"大创意"。

洗脑：大创意确实难能可贵，但原因不是你以为的那样，不是因为缺乏创造力或想象力，也不是因为不聪明，而是因为你被洗脑了。被洗过的大脑首先想到的是产品和服务。

不相信？做一个简单的测试吧。如果在电梯里，有人问你是做什么的，你怎么回答？一两句话就行，大声说出来。难道不是关于你的产品或服务吗？人们通常会说："我是财务顾问。""我是牙医。""我是卖电脑的。"他们只会告知潜在客户自己的产品或服务。

除此之外，你还可以说些什么呢？告诉别人你的产品和服务看似合情合理，因为这就是你的事业。但问题是，你所在行业的其他"企鹅"也在电梯里介绍他们的产品和服务。这就是为什么没人能把你和其他"企鹅"区分开来，你们不仅长得像，声音也差不多。

还有一个更重要的问题：你们的相似之处不只局限于话

语，还有思维方式。一提到生意，你首先想到的是你的产品或服务。这永远是你的出发点。所以拥有新的、好的或不一样的大创意真的很难，因为第一个跳进你脑海的总是你的产品或服务。

接下来你会考虑如何让你的产品变大变小、变快变慢或更漂亮。这些改进并不是在浪费时间，让产品变得更好当然是好事。但这种改变通常收效甚微，就像把温度从22.2℃调到22.8℃。这是不够的，你还是和其他"企鹅"并无两样。

你可以尝试从其他"企鹅"那里获得大创意，比如参加会议，向其他同行学习。你可以效仿别人的好主意，虽然这种做法无可厚非，但还是不能帮你解决"企鹅"问题。其他"企鹅"的想法带来的帮助大多不尽如人意，就像把温度调到22.8℃那样。踏上其他"企鹅"走过的老路，不会让你迎头赶上或名列前茅。你只能是他们的追随者。

那么如何才能逃出这一陷阱呢？怎样才能暂时不去想你的产品和服务，转而思考独一无二的大创意？

你要做的第一步就是学会优先考虑他人，也就是你的客户。我知道你会觉得这有点偏激，但确实有效。我们要反过来思考，优先考虑客户，而不是你自己和你的产品或服务。

这也许是有史以来最多余的建议。你可能会想："我买这本书就得到了这个？优先考虑客户？骗人的东西！"别急！事情并不那么简单，你被洗脑了，自己却不知道。质疑之前，请记住，被洗脑的一个明显迹象就是受害者不知道自己被洗脑了。

还记得电影《谍网迷魂》①（The Manchurian Candidate）吗？这是一部惊悚片，是关于一个被坏人洗脑的总统候选人去暗杀另一个总统候选人的故事。关键是：他不知道自己被洗脑了。他不知道自己在执行别人编入他大脑中的指令。

我每天都会遇到被长达二百多年的工业革命洗脑的商人。他们的身体虽然生活在 21 世纪，但大脑还停留在 19 世纪，而自己却不知道！

自 19 世纪初期以来，商业所关注的只有产品和服务。为了成功，人们遵循一个简单的模式：设想一种产品，制造机器来生产这种产品，然后出售。

---

① 《谍网迷魂》（The Manchurian Candidate）：这部电影有两个版本，分别是1962年和2004年上映的。——译者注

以前，做到这些并不难：设计产品——机器生产——出售商品——赚大钱——买栋大房子——雇用仆人。

很多人按照这个模式发了财。他们把它应用到了服务业中：设想一种服务——建造能提供这种服务的机器（这里的机器是由人组成的）——出售服务——赚大钱——买栋大房子——雇用仆人。

两百多年来，这个模式一直有效，而且代代相传。长辈对晚辈说："孩子，如果你想致富，就遵循这个模式：想出一种产品或服务，用机器把它生产出来，再拿去卖掉。这样你就能赚大钱，能买大房子，还能雇用仆人。"没有什么比这更简单的了。

但久而久之，人们不再这样说了。这个模式如此成功，如此广为人知，以至于无须强调。凡事就是这样——如果它变成了普遍真理，那么每个人的大脑就会被它彻底清洗。

但后来世界发生了巨变。有人发明了个人电脑，后来又有了万维网（World Wide Web，即 www）。贸易壁垒降低了，我们迎来了全球经济时代。使各行各业相互隔绝的规则被消除了，越来越多的竞争者涌入市场。

竞争的加剧迫使我们想出大创意，但被洗过的大脑限制了我们的思维。每个人都从旧模式的第一步开始：设想新的产品或服务，但就是不知道哪里有未开垦的处女地。

在过去，如果你制造出一种产品，比如说发夹，那么你就是唯一生产它的人。市场归你所有，你可以让机器日夜运转，年复一年地生产同样的发夹。于是，过不了多久，你就能住进大房子，让仆人伺候你。

但最终，那些住在没有仆人的小房子里的人攒够了钱，买了机器，也开始生产发夹。忽然间，你有了竞争对手。后来，其他国家的人也开始做发夹生意。他们开始以低廉的报酬雇人工作，所以发夹的价格一降再降。

因为担心自己可能不得不卖掉房子，裁掉仆人，你开始寻找另一种产品。你考虑过做拉链，但是拉链市场上已经有两百家公司了。熔岩灯呢？那个市场也爆满了。鼠标垫怎么样？不，问题也一样存在。放眼望去，到处都有"企鹅"抢在你前面。

我的观点是：世道变了，与你争食的"企鹅"越来越多。如果你要想出与众不同的大创意，必须经历新的思维过程。如果你不改掉旧观念，解开两百多年来"产品至上"思维的束缚，你将很难想出大创意。旧的"产品至上"思维模式只会扼杀你的创造力。

苹果公司（Apple Znc）就是洗心革面的典范。二十年来，该公司凭借其了不起的电脑，开辟了一片新天地（我从一开始就是苹果电脑的忠实用户），但在整个电脑市场中，只能算一个小角色。直到有一天，史蒂夫·乔布斯（Steve Jobs）[①]和他的团队打破了"产品至上（电脑至上）"思维，开始优先关注他们的客户。当他们的观念发生这样的简单改变时，惊人的大创意〔苹果数字媒体播放应用程序（iTunes）、苹果便携式数字多媒体播放器（iPod）和苹果手机（iPhone）等〕纷至沓来。这大大提高了公司的销售额，使苹果公司不同于其他电脑公司。这一案例给我们的关键启示是：如果苹果公司一直沉浸在"产品至上"思维中，就不会有这些创新。具有讽刺意味的是：通过开发和推销大创意，苹果公司卖出了更多的电脑。

因此，我们需要向转变前苹果公司的前辈"企鹅"们学习。如果你想要有大的改变，就要构思一些真正热门的东

[①] 史蒂夫·乔布斯（Steve Jobs，1955年2月24日—2011年10月5日），美国发明家、企业家、苹果公司联合创始人。2012年被《时代》杂志评为美国最具影响力二十人之一。——译者注

西。那么，请忽略你的产品和服务，甚至忘记你所处的行业，从一个新的起点开始思考，这个起点就是你的头号客户类型。

第二章

别再吃蛋卷了：关注你的头号客户

大多数企业主都有很多不同类型的客户。他们的产品和服务面向所有人，比如卖零件给捕狗人、家庭医生或环卫工人。对他们来说，顾客是谁并不重要，只要能卖出产品就行。

但对客户类型缺乏关注其实是个大问题。有道是贪多嚼不烂。这些企业主想面面俱到，就像一个人试图同时打冰球和踢足球一样，结果是哪个都顾不上。在客户眼里，他们永远只是半吊子，即使看起来像个百事通。这犹如一家中餐厅在橱窗里宣传纳税申报服务。想象一下，你在中餐厅里一边吃蛋卷，一边让他们帮你办理退税。这实在是有点疯狂。

还有一个更大的问题：客户类型太多意味着你并不真正了解任何一位客户。你只是在卖东西。你没有详细调查你的市场，也没有认真考虑你的客户可能需要，但市场上没有的东西。因此，你不太可能会有大创意。

你需要集中精力，确定真正想要合作的人。就我们公司而言，几年前就已经决定主要与企业家合作，特别是与小企业主和销售人员合作。我们不想再与大公司、协会组织或政府部门合作了。

那是我们做过的最好的决策。从那时起，我们与来自数十个行业的许许多多的企业主和销售人员合作。如今，我们已经成为这一领域的专家，能够帮助企业主和销售人员赢得更多的客户、赚更多的钱。通过对头号客户类型的关注，我们深入了解了企业家的目标和挑战。这又反过来使我们能够提出几十种有利可图的大创意。

那么，谁是你的头号客户？

要弄清楚这一点，你可以列出所有不同类型的客户，然后从中选择最好的一类。你喜欢与哪一类客户合作？哪一类客户最令人愉快且对你来说最有利可图？你不喜欢与哪些人合作？把这些人从你的清单中删除。

毫无疑问，一开始很难做到只关注单一类型的客户。我们不愿放弃其他客户，觉得溜走了机会。但事实恰恰相反。

我们有一个客户是财务顾问，他决定只与牙医合作。刚开始，他差不多只有五个牙医客户，现在有三百多个。通过关注牙医客户，他将所有的营销时间和资金投入到专一市场，同时他还开发了一些大创意。现在，他被视为牙科医生的头号财务顾问。

花点时间仔细考虑吧，因为这是你在经商生涯中需要做的最重要的决策。

第三章

美食家企鹅：卖高档套餐，赚大钱

你想给你的产品和服务提价吗？我相信你肯定想，但也许你怕客户不会买你的账，也担心涨价后客户为了追求低价而转身去找你的竞争对手。

这种担忧是很自然的，但不会给你带来任何进步。如果不敢收取更多的费用，那么你永远赚不到更多的钱。如果你从不尝试新事物，那就只能故步自封。事实上，随着时间的推移，你可能赚得越来越少，因为日益激烈的竞争会挤压你的价格和利润空间。

那么，如何才能走出这个陷阱？如何在不失去客户的前提下，收取更高的费用？更合理的提问是：如何在提高价格的同时，扩大客户群？

后文我会介绍我的提价策略，但首先你要了解"沃尔玛效应"。我们都知道，沃尔玛公司承诺提供尽可能廉价的商品。这家连锁超市在这一承诺的基础上建立了全球性商业帝国。不过，低价带来的结果是祸福相依的。虽然沃尔玛的便宜货能让一些消费者受益，但小型零售商往往因为无法与之抗衡而被逐出市场。

这让人倍感悲哀，因为这些零售商中的许多人不应该倒闭。他们只需要改变一下业务，做那些沃尔玛做不到的事情，也就是提供"美食"服务。他们需要提供比沃尔玛更高水准的服务、体验和价值。换句话说，停止与沃尔玛展开价格战，而是去做沃尔玛做不到的事情，也就是成为"美食"零售商。

你可能在想，"听着挺像那么回事，但我不是做零售业的。"是吗？但沃尔玛效应正在渗透每一个行业。在电子商务和全球化趋势的推动下，各行各业都在尝试通过互联网以尽可能低的价格提供产品和服务的方法。我称它们为"快餐"公司。

许多公司拼尽全力与同行"快餐"公司竞争，采取的唯一方法就是降价。但如果降低价格，就很难赢利，所以这是两难局面。

幸亏还有另一条出路：这些公司转而提供"美食"。也就是用大创意提升一切，还要为此收取更多的钱。

假设你拥有一家保险公司。保险公司和银行都在网上公开售卖保险。这时，你看到其他公司的保险产品跟你们的一样，但价格比你们的低，而且客户只需要填写一份在线申请，就能得到一份保单。

你也想过网络营销，但是做不到。因为前期投资巨大，而你的对手公司规模比你们公司大得多，资本也更雄厚。

此时我就会建议你不要追逐快餐式竞争，而是在"跑道"上来个 180° 大转弯，变成一家"美食"公司。你要开发一个特殊项目，名称叫作"安全可靠的解决方案"之类，然后向你最优质的客户提供这项服务并为此收取 1200 美元。为了这笔费用，你要花大量时间与客户沟通，确保他们听明白这项服务存在的所有风险，并设计一个整体方案来保护客户。你还要对客户所有的财产进行拍照并评估其价值，为将来有索赔事宜做准备。该计划提供的价值远远超过你的任何竞争对手愿意免费提供的价值。

最重要的是：你的客户不会说你收费太高，1200 美元的新项目也不会把他们吓跑，因为这是高端选择。告诉客户你有两个档次的服务："快餐"和"美食"。你可以提供简单的保险交易，也可以提供 1200 美元的"美食套餐"。让客户自己来选择想要的档次："快餐"还是"美食"。

这就像你经营一家酒店，原本有四百间不错的平价房间，现在你又增加了四十间顶楼套房，并且告诉客人你有普通房和豪华套房，住哪里由他们来定。

你可能认为没有人会选择顶楼套房。也许吧！但不妨尝试一下。许多企业主发现客户对"美食套餐"的需求被压抑了很久，因为"快餐"没法让他们心满意足，或者已经不适合他们的胃口了。

此外，这种方法没有什么风险。与酒店不同，你可能只需很少或不用前期投资就能开发"美食"服务。你只需在常规服务的基础上提供高端服务。最重要的是：如果顾客要"美食"，你能赚到更多的钱，但即使他们不想支付高价，也能成为你的客户，因为他们还可以选择购买"快餐"。提供"美食套餐"不会让你失去潜在客户。

但是，如果不提供"美食套餐"，你就会有风险。如果你的竞争对手创造一种更好、更高档的产品，你的一些最佳客户可能会"跳槽"，开始与你的竞争对手合作。这很讽刺，不是吗？你不敢收取更高的费用，因为你认为这样会失去客户，但事实上，如果你不收取更高的费用，就可能真的失去客户。

请记住，并不是每个人都追求最低价。你开最便宜的车吗？你在最便宜的餐馆吃饭吗？你穿廉价的二手衣服吗？恐怕不是。那么，你为何认为所有客户都想要最便宜的东西呢？你可能会惊喜地发现，很多客户愿意支付更多的钱，甚至是一大笔钱（后面我会解释第三种服务档次——"超级美食套餐"的好处）。

因此，提高收费并赚大钱的策略很简单。用"美食"大创意来推广你的产品和服务，同时在现有"快餐"的基础上提供价格不菲的"美食"。

第四章

扭转局面：让更多的理想客户来敲你的门

大多数"企鹅"都会与不太理想（容我这么形容）的客户合作吗？

你一定遇到过这种客户。他们不把你们之间的关系当回事，浪费你的时间。他们不仅刻薄，抱怨你开出的发票不合格，还不按时付款。他们总是错过约定时间或姗姗来迟，也不尊重你的经验和专业知识。

我们不得不承认，就算你受不了他们，还是要和他们合作。为什么？因为你知道你必须与所有人合作，拒绝任何客户关系都是经济自杀行为，无论这种关系多么可恶或有损你的自尊。

大多数"企鹅"都是"奴隶"。有些客户觉得自己付了钱，就可以像对待二等公民一样对待供应商。但你开公司不是为了当奴隶，而是为了更大的自由。

所以你必须改变游戏规则，作一个自由、独立的人，维护你的权利。你必须停止当"奴隶"，改变自己与潜在客户或现有客户之间的关系。这是另一个可以通过包装实现的改变。

如果你不想再做"奴隶"，我的建议是：在介绍你的新"美食"大创意时，告诉潜在客户这是一个特殊的计划，不是谁都适合拥有的。

那么，为什么说你能摆脱客户的"奴役"？

首先，有一样东西是人们最渴望的，什么都不能与之相比。不是更多的钱，不是更大的房子，也不是更好的车子，这些东西都很好，但人们最想要的永远是他们无法得到的东西。

这是人类的本性。当人们认为自己可能无法得到某样东西——无论是现在还是将来——他们就越想得到它，即使并不真正了解那是什么，也不管自己是否真的需要。先弄到手再说，这样他们才放心。

这里有一个例子。二十年前，我的网球俱乐部待入会名单上有两百多人，他们都想成为会员。该俱乐部以"难以加入"而闻名，但这种特别的名声使人们更想加入，进一步扩大了等待名额的规模。这也使得名单上的人员很容易被说服，因为他们担心如果不赶紧定下来，就会失去队列中的位置，永远无法成为会员。这是个对会员总监来说梦寐以求的场景。

但后来，因为本市有更多俱乐部开张，导致这个俱乐部效益下滑。现在没有人排队了，俱乐部在请求人们加入。没有了等待名单，俱乐部看起来就并不特别，也不那么令人向往。想要搞定潜在客户变得很难，因为他们知道俱乐部不再热门，不必马上做出决定。他们可以等待，等到之后再加入也来得及。这对会员总监来说是个噩梦。

这种冲动是我们囤积本能的体现。如果担心自己将来可能得不到某样东西，那么我们往往会更加珍惜。

再讲一个有趣的例子。几年前，我喜欢一种麦片，但它很难买到，经常处于脱销状态。如果商店里有存货，我就会尽量多购买，因为担心以后会买不到。后来，我知道该产品为什么经常缺货。因为其他人也是出于同样的担忧而囤积它，长期循环的稀缺导致了囤积市场（唉，这种麦片最终停产了，导致我现在早餐时间很少吃麦片）。

所以我建议你告诉潜在客户，你的"美食"大创意并非面向所有人。事实上，它可能不适合大多数人。听你这么说，潜在客户可能会担心自己无法加入你的"高档俱乐部"。这将迫使他们立即下定决心，而不会打算以后再说。

这种策略的另一好处是让你和客户处于平等地位。你不再乞求客户与你合作。相反，你来决定是否与他们合作。

包装客户的自我形象

另一个非常有效的包装技巧是帮助潜在客户包装并增强他们的自我形象，也就是他们希望给其他人留下什么样的印象，或者更准确地说，他们想成为什么样的人。这应该是有史以来最重要、最有效的营销技巧之一。

首先你需要阐明你心中理想客户的特点。例如，你可以说你的理想客户是聪明的、开放的、前卫的，而且是尊重和重视专业人士建议的人。

然后用这些话来使你的项目显得更加特别。"我的新项目并不适用于所有人。它只适合那些聪明、开放、前卫、尊重并重视专业人士建议的人。如果你是这样的人，你可能会对这个'美食'项目感兴趣。如果不是，也别担心，我们还有'快餐'可以选择。"

　　你觉得以这种方式介绍你的"美食"项目，客户会有什么样的反应？我的经验证实，他们的反应非常积极。人们愿意相信自己就是你所描述的那种人，而不想认为或承认自己是与之相反的人：愚蠢、保守、落后、不尊重或不重视专业人士的建议——很少有人认为自己是这样的人。

　　用这样的话语，帮助你的潜在客户"包装"自我形象。现在，他们有了可以描述自己的词汇。心理学实验表明，在人们包装自我形象时，会花大力气向自己和他人证明某种理想自我形象是真实的。他们会说："是的，我就是这样的人。我不要'快餐'，我要'美食'。跟我说说你们的新项目，这听起来像是我正在找的东西。"

　　所有经验丰富的营销人员都会帮助潜在客户包装自我形象。为什么广告上通常都是形象美好的人在做美妙快乐的事情？这是为了帮助人们塑造美好的自我形象。一个女人看到时尚杂志上的模特，说："我要变成她这样。"然后她出去花400美元烫发，买了100美元的口红，又花3000美元买了一个普拉达（Prada）钱包。一个男人看到一则广告，上面有个帅哥开着宝马（BMW）跑车。他说："这就是我。我想成为他这样的人。"于是他花 8 万美元买了一辆宝马。

关键是要告诉你的潜在客户，你的"美食"项目并不适合所有人，客户必须具备某些特征才有资格享受。这样一来，客户的心理会发生改变。他们不再把你看作是一个可以随便命令的、卑顺的供应商，而是奉你为能够帮助他们实现和巩固积极自我形象的专业人士。

最重要的是，通过扭转局面，你将成为"企鹅"群中的佼佼者。你会做一些与业内其他销售人员不同的事情。他们卖"快餐"，敲潜在客户的门请求合作。雷同的做法使他们像极了一群企鹅。

但是你会因为做不同的事情而令人印象深刻。你向潜在客户介绍你的"美食"，告诉他们这并不适合所有人，然后等着他们来找你。记住，如果人们担心自己得不到某样东西，他就更想得到。他们也希望加强积极的自我形象。

请记住，这种技巧之所以有效，是因为它反映了你的真实情况。你卖的东西确实并不适合所有人，不管它是什么，大多数人可能都不会买。想象一下，你在大街上免费分发 100 美元面值的钞票。你以为每个人都会接受吗？也许不会。有些人会拒绝，因为他们担心你在设圈套。即使是免费的百元大钞，也不是每个人都会接受。这就是这一技巧的伟大之处，它把大多数人不会购买你的产品这一事实当作一种优点。

最后，这条建议同样并不适用于所有人。大多数企业主、营销和销售人员不敢拒绝客户。他们会不遗余力地让每个人都购买自己的产品，而且会不厌其烦地使用老一套销售技巧。

这种方法只适用于那些有勇气、有耐心、有心理洞察力、愿意尝试新事物的人。如果你是这样的人，那么这个建议就是给你的。如果不是，也没关系，你可以继续做一只"企鹅"。

第二部分

开发大创意

PART2

第五章

成为约翰·马尔科维奇：通过客户的视角看世界

大多数"企鹅"都很固执。他们只通过自己的视角看世界，又不承认自己这么做了。即使他们想通过客户的视角看世界，也不知道如何去做。这是他们不能出人头地或赚大钱的主要原因之一。

你看过查理·考夫曼（Charlie Kaufman）编剧的电影《成为约翰·马尔科维奇》（*Being John Malkovich*，又译《傀儡人生》）吗？这是我最喜欢的电影之一。它讽刺了以自我为中心的文化。主角克雷格·施瓦茨［Craig Schwartz，由约翰·库萨克（John Cusack）饰演］在他办公室的墙上发现了一个洞，这个洞把他带入了约翰·马尔科维奇的身心世界。施瓦茨穿过这个传送门后，看到了约翰·马尔科维奇眼中的世界——非常滑稽。

电影中我最喜欢的场景是约翰·马尔科维奇本人穿过传送门的那一段。所有人看起来都像约翰·马尔科维奇，而且每个人都在不停地说"马尔科维奇，马尔科维奇，马尔科维奇……"通过这一幕，考夫曼想表达的是：我们大多数人不仅自以为是，还进一步把自己的恐惧、欲望等情绪投射到其他人身上。用心理学术语来说，这叫作"投射"（Projection）。

"企鹅"是投射高手。他们喜欢谈论自身和自己的产品，还以为每个人都喜欢听。他们仿佛生活在虚拟世界里，每个潜在客户都是他们的投射对象。

可怜的"企鹅"没有意识到潜在客户并不关心他们或他们的产品。潜在客户不想和他们合作，因为客户觉得他们既无聊又自负。这就是大多数"企鹅"卖不出去产品或赚不到钱的原因。他们不知道如何通过客户的视角看世界。他们正在"成为约翰·马尔科维奇"。

显而易见，如果你不想成为"企鹅"，你需要通过客户的视角看世界。你要想客户所想，急客户所急。但如何做到这一点呢？有像电影里那样可以穿过的传送门吗？

泰坦尼克号技巧

如果有传送门的帮助，那么站在客户视角肯定容易得多，可惜没有。但我有一种有用的技巧叫作"泰坦尼克号技巧"。想象一下，你推出了新"美食套餐"——新的、好的、不一样的，你把产品提升到了全新高度。你对潜在客户说，这种新品并不适合所有人。你有100—200个理想客户购买了新套餐。

继续想象你与一位潜在客户会面。她是理想客户。你引领她经过了销售的全过程，她将马上签约成为正式客户。但她的手机突然响了，她得知一辆车撞了她的狗，于是慌张地道了个歉就冲了出去。就这样，你再也见不到她了。

这个意外转折让你失望，但还不算糟糕。毕竟，你已经有了200个很棒的客户了。但你为那个女人的安危担心，因为她没来得及接受你的建议。那么，你到底在担心什么？

我为何把这一技巧称为"泰坦尼克号技巧"？为了回答这个问题，我想让你假设你的那位潜在客户是泰坦尼克号的船长，而你正努力向她推销救生艇。你像其他"企鹅"一样，谈起救生艇的特点：它更大、更轻便、能快速部署。但是船长不感兴趣。为什么？因为船长认为她的巨轮永不沉没。［注：我的妻子金妮（Ginny）说："如果泰坦尼克号的船长是女人，那艘船就永远不会撞冰山。"不过，我想把这一话题留到另一本书里讨论。］

被船长拒绝后，你试着换位思考：如果她不买你的救生艇，会有什么后果？我们来看看：她的船可能撞上冰山，没有足够的救生艇，这会导致1800人丧生，包括她自己。更不用说会有一天，好莱坞将会以此为题拍出一部大片。这部由莱昂纳多·迪卡普里奥（Leonardo DiCaprio）和凯特·温斯莱特（Kate Winslet）主演的电影让这位船长看起来像个白痴。

因此，你的第一要务是意识到客户通常对你的产品特性或技术细节不感兴趣。你要讲述客户的故事，而不是你自己的故事，这样才能吸引他们的注意力。你还需要说服他们，让他们相信船可能会沉，所以需要买你的救生艇。

这就像开着车，发现车子发出叮叮当当的响声。你去维修站后，机械师打开引擎盖看了看，开始解释活塞和分电器盖的状况。但你并不关心这些，你只想知道下午四点前车子能不能修好，能不能来得及带你的孩子去参加足球比赛。机械师看你的眼神就像看白痴一样。他不知道你对活塞和分电器不感兴趣，你只想着跟孩子去踢足球。其实他在你眼里也是个白痴，他不知道你感兴趣的是什么。

因此，你只需要仔细考虑最坏的结果，告诉船长最大的危险是什么。这时就该抛开救生艇，说说人们可能会被淹死的情况吧。你现在说的是和船长相关的故事，而不是你自己的。当然，船长可能会极力推辞你的帮助，但你必须试一试。毕竟，你不只是想卖出救生艇，你也在努力挽救生命。

是的，这就是要转变的地方。如果你的奋斗目标是挽救生命，而不只是卖救生艇，你就会开始从客户的视角看这个世界。你不再谈论自己，而是关心潜在客户的问题。如果你这样做，潜在客户就会倾听，因为这是与他们有关的故事。

让我重复一遍。如果你和潜在客户聊他们感兴趣的故事，客户就会感兴趣，因为主角是他们，而不是你。我之所以重复这个看似浅显的建议，是因为我将要告诉你的事情是大多数商业作家或专家从未提到的（答应我，你会保守秘密）。其实，很多潜在客户也是"企鹅"，他们的世界也是以自我为中心的。所以，如果你想吸引更多的客户，赚更多的钱，就要谈论客户，因为人们最喜欢的话题是自己。

第六章

峰值效益：客户真正想要的是什么

市场营销中，包装的一个关键原则是发现和说明"峰值效益"。经过包装的大创意对潜在客户来说，更与他相关，也更有趣。假设你经营着一家网站设计公司，公司创建的网站多姿多彩，同时，你们也做搜索引擎优化，甚至获得了国家网站设计协会的奖项。在你看来，你们的业务是网站设计。

你会与潜在客户谈及你们公司的服务、客户以及所获奖项。当然，你也会向客户展示所有做得很棒的网站。潜在客户对你们印象深刻，但不知何故，你们并没有建立起真正意义上的联系。客户离开你的办公室后，你就再也见不到他了。

你没有谈成这笔生意的原因有很多，但很可能是你没有向客户包装并说明峰值效益，只提到帮助客户创建一个美观且功能强大的网站。你还说过你们会做搜索引擎优化，这项服务可以让网站更容易被搜索到。这些服务都很了不起，但这都不是客户关注的峰值效益。见图 6-1。

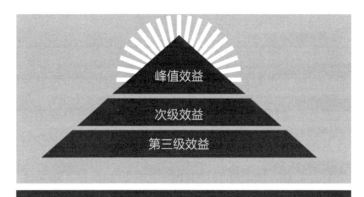

很多"企鹅"错失生意，是因为他们没有关注客户真正想要和需要的峰值效益。

图 6-1　峰值效益、次级效益、第三级效益

那么，你认为潜在客户想要而网站设计公司没有包装和说明的峰值效益是什么？首先，客户想要创建网站的真正目的是什么？如果从客户的角度来看，峰值效益显而易见：你的客户希望拥有更多的优质客户。当然，客户也想要一个漂亮的网站，把它展示在谷歌首页上，但这只是次级效益。招揽新客户才是他想要的峰值效益。

这似乎是不言自明的，但事实并非如此。我和数以千计的企业家交谈过，他们中很少有人谈到峰值效益。他们沉迷于自己的业务运营，以至于完全忘记了提供产品或服务的真正目的。前文那位谈论活塞和分电器的机械师更应该上心的是，怎样让小约翰尼准时参加足球比赛。

再举一个例子。我曾经和一位快乐又和蔼的殡仪馆老板合作。他想在业内有所建树，但有一个思维障碍：他被困在次级效益上。他介绍了葬礼前期策划、大量可供挑选的棺材以及工作人员专业高效的服务。这种对次级效益的关注反映在他的宣传册、网站和其他营销手段上。问题是：他讲的全是他的殡仪馆，不是客户。

为了扭转局面，发现峰值效益，我们花了几个小时讨论他的客户。我们试着从客户的视角看世界，并且意识到他的客户正在寻找一家能够帮助他们有尊严地度过悲痛时刻的殡仪馆。他们希望实现已故亲人的遗愿。但最重要的是，客户想要和能够与他们倾心交谈并帮他们排解哀伤的丧葬承办人合作。他们想要得到支持和关怀，而不是把葬礼当作流水线操作。他们还希望这个充满爱心的老板能够协调好一切。

这就是峰值效益：殡仪馆需要让客户感到被支持和关心。这不仅是提供棺材、鲜花和骨灰盒的问题，还关系到给客户的感觉。

　　了解峰值效益有助于该殡仪馆超越业内其他"企鹅"。为了提供对客户的关怀和支持，他们改变了所有营销资料中的故事内容。他们在宣传册上贴了客户的照片（而不是自己办公楼的照片），还改变了工作方式，花更多的时间让客户表达内心感受，让客户体会更多的支持和关怀。

　　视角的转变也让殡仪馆改变了对业务的看法。通过关注峰值效益，他们想出了帮助客户实现峰值效益的新方法。例如，简化流程，让客户更方便、更快捷地安顿葬礼事宜。他们还配备了悲伤咨询师，以备客户需要。

　　那么，你的客户希望获得的峰值效益是什么呢？下面是示例列表：

金融服务

次级效益：赚钱　峰值效益：实现人生梦想

健康卫生服务

次级效益：治愈疾病　峰值效益：享受健康的生活方式

美容或时尚行业

次要效益：美丽　峰值效益：良好的自我感觉

商业咨询

次级效益：制订商业计划　峰值效益：实现商业目标

宠物食品行业

次级效益：宠物爱吃的食品　峰值效益：照顾宠物的幸福感

商业软件行业

次级效益：提升工作效率　峰值效益：助力事业成功

网球拍行业

次级效益：击球更有力　峰值效益：赢得更多的比赛

包装峰值效益会更好地帮助你与客户建立联系，因为你们之间的联系会变得更加密切。以我的复印代理商汉克（Hank）为例。我们之间的关系并不稳固，因为他从来没有意识到或包装过峰值效益。汉克只谈论他自己和他们公司的复印机。他认为他提供的效益是复印文件。确切地说，在他看来，我们公司是从事复印业务的。这就是我们不怎么联系的原因。汉克甚至不知道我们的工作是什么：我们是包装大创意的公司。他也不知道我想要什么，增长业务才是我试图实现的峰值效益，而不是复印。

如果汉克帮助我实现峰值效益，我们的关系会更紧密。

我会更加看重他的服务，也会把他视为战略伙伴，而不是那位讨厌的每两年就向我推销昂贵复印机的销售人员。

他也可以考虑，我应该如何利用他的设备向我自己的客户销售新产品。这样，我可能会想要买一台更大、更贵的复印机。但汉克不这么做，他关注的是次级效益，这使他与我不太熟，也与我的目标不相干。

逃生（孵化）舱[①]

对每只"企鹅"来说，峰值效益就像"逃生（孵化）舱"一样重要，不仅能规避风险，也能孕育新的商机。如果想与众不同，你就要发现超越次级效益的大创意。你需要通过客户的视角看世界。否则，你的思维就像其他"企鹅"一样，无法取得突破。

如果你关注客户的峰值效益，你将能够想出许多大创意，并提供业内其他"企鹅"做不到的产品和服务。

因此，最重要的问题是：你的客户想要的峰值效益是

[①] 原文The escape hatch指逃生舱。hatch也指孵化，经济上有"产业孵化"之类术语，又和企鹅生活习性相关。所以用了"逃生（孵化）舱"这个表达。——译者注

什么？

　　补充一点：我能理解你通过阅读这本书想要得到的峰值效益，为了让你明白这一点，我来告诉你：你读这本书是因为想赢得更多的客户，赚更多的钱。这就是你想要的峰值效益。你的次级效益是通过包装大创意，做个不同凡响的"企鹅"。这样你才会有更多的客户，赚到更多的钱。我说的没错吧？

第七章

转型经济：挖掘无穷无尽的大创意

大多数"企鹅"被困在"冰流"上，因为他们想不出任何可以向顾客提供的新价值。他们年复一年地销售同样的产品，也可能会做一些改进，但还是产品、产品、产品……原因正如我们在第一章中所讨论的，他们被"洗脑"了。他们的思维逃不出这一怪圈。

之所以想不到新的价值，是因为他们以非常狭隘的眼光看待全局。他们通过销售特定产品，只以一种方式帮助客户。比如：卖牙膏是为了帮助顾客清洁牙齿；推销人寿保险是为了帮助客户保障家人安全；出售复印机是为了帮助客户复印。

但正如我们所了解的，客户在寻找更高的效益：峰值效益。他们不只是想清洁牙齿，还想让自己变得更好看；不仅想要保护家人，更想获得内心的安宁；不是为了复印而复印，而是希望生意更好。

如果不把峰值效益看作是你们公司能提供的最重要价值，你就会一直停留在卖产品的阶段，做不到效益的最大化。你会完全错过帮助客户实现峰值效益的绝佳机会。

话虽如此，但是很少有公司会意识到有这样一种终极的峰值效益，那就是帮助客户实现转型。这就像使身材走样的人变得匀称健美。如果你把转型当作你们的业务，就能挖掘到无穷无尽的大创意。

如何做到这一点？想象一下，假如你拥有一家健身俱乐部。5 年前开这家俱乐部时，你向会员收取 750 美元年费。两年来，你赚了不少钱，直到街对面的另一家俱乐部开业。新俱乐部有更多的设施，但只收取 500 美元年费。所以你不得不购置新设备，扩大规模，并将会员费降到 500 美元。你的利润减少了，而且很难找到新会员。当第三个竞争对手开业时，情况变得更糟，你不得不将会员费降至 400 美元。

沮丧和担忧之余，你做了自我反省，意识到即便降到 400 美元，还是没能真正帮助你的会员实现峰值效益：通过健身变得更健康、更强壮，过上更幸福的生活。你发现许多会员未能塑造好的身材，因为他们没有可以遵循的计划或流程，也没有教练指导。他们所做的只是在俱乐部的设备上玩一会儿而已。一些自律的会员能够强身健体，但大多数人在最初的热情消退后便再也不来了。你也了解到会员们需要的不仅仅是锻炼身体，还有健康的饮食和生活方式。总而言之，你意识到在帮助客户实现峰值效益方面，你们是失败的，因为你们没有从开放的视角去看待自己的业务。

你决定创建一个"美食"项目来帮助会员塑形。你继续以 400 美元的价格出售会员资格（"快餐"），但同时以 4000 美元的价格推出了一个叫作"好身材计划"的新项目。一看价格就知道这个项目并不适合所有人，但你也知道有很多人真的想拥有好身材，愿意为此支付高价。见图 7-1。

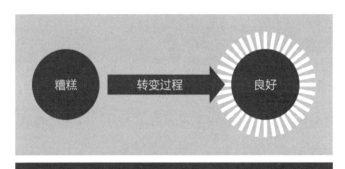

通过协助你的客户完成从"糟糕"到"良好"的转变过程，你将为客户提供指数级的价值增长，并因此赚到更多的钱。

图 7-1　糟糕、转变过程、良好

一些会员刚加入俱乐部时各项身体指标都不是很健康，所以你制定了这个项目。他们通常身体超重，肌肉无力，心脑血管功能差，心理压力大，自尊心也低。这样不健康的例子不胜枚举。

你制订了客户照做就会有好身材，体重恢复正常，身材变匀称的计划。他们还会变得强壮，心脑血管功能正常，心情放松，自尊心增强。

现在你想总结出：想要从身体状况不佳转变为良好，需要做哪些事情？显然，他们每周至少要锻炼三次，每次一小时；为了保持持续进步，要有教练指导；在整个过程中，要进行体检、练瑜伽、做营养咨询，还要通过心理治疗消除对于健身和养生的任何心理或情感障碍。

为了加快转变过程，你按正确的顺序将这些要素联系在一起。第一步是愿景和项目规划会议；第二步是体检；第三步是健身课程；第四步是营养规划；第五步是瑜伽课，等等。

通过测试和改进这些要素和步骤，你最终拥有了完美计划。你确信任何一个掌握该计划所规定的"十八般武艺"，并完成一切任务的人，身材都会变得很好。

通过创建"好身材计划"项目，你的业务彻底转型。你超越了产品买卖的狭隘视角。并且为客户带来了指数级的增值，同时你也赚到了更多的钱。

这个特别项目提高了健身俱乐部的知名度。记者做了关于你的新项目的报道。你发表了演讲，上了电视，写了一本书并制作了电视节目。其他健身俱乐部纷纷打电话咨询是否可以使用你的方法，每个人都想知道这个了不起的项目是如何运作的。你的大创意名声大噪。

转型经济

许多人知道工业经济时代已经接近尾声，只是不知道什么样的新经济模式会取代它。我认为这种新经济模式会是转型经济。

让我们看看现实吧。以交易为基础的旧经济已经过时了，因为它消耗能源，造成污染，破坏生态平衡，而且不能很好地发挥作用，无法带来峰值效益。事实上，工业经济中的大多数产业都未能取得很好的成果。

以金融服务业为例。金融机构有百千计，里面工作着数百万名金融顾问，提供了数千种金融产品和服务。电视节目、新闻刊物和网站上也有大量的理财建议。还有成千上万的课程和学校讲授有关金钱的知识。但是说到底，在钱的问题上，有多少人能够做到理性和机智呢？1%？顶多 2% 吧。因此，如果金融服务业只为 1% 或 2% 的人提供服务的话，我们怎么能说它是成功的呢？

为什么旧经济时代效果不佳？因为旧经济以单一的、狭隘的交易为基础。在这种我称之为"交易经济"的经济模式中，每个参与者都向客户销售特定的产品或服务。在金融服务业中，销售投资基金的人收到佣金就转身离开，做财务规划的人也是拿到费用后就不问不闻。没有人帮助他或她的客户实现彻底转型，甚至想都不想。

其他行业的情况也是如此。医疗行业很成功吗？人们普遍更健康了吗？制药公司和医院真的希望人们身体强健，过上安康的生活吗？我不太确定，因为那样的话患者和客户会减少。

汽车业的情况很好吗？汽车公司和石油公司真的希望人们驾驶不需要太多维护的绿色能源汽车吗？这些公司希望政府建造更畅通的交通运输系统吗？我不敢肯定，因为这样会失去客户。

那么，教育系统呢？现在的孩子们是否受到了更好的教育？识字率和计算能力上升了还是下降了？让我们坦诚一点吧！教育系统也是失败的，**因为没有人把整个教育过程看作是一个培育人才的过程**。就像工业经济中的其他事物一样，教育也是以零零碎碎的方式进行的。基于交易模式的教育行业是不完整的、混乱的，最终是无效的。

想象一下，如果各行各业的人转变观念，注重转型，帮助客户进步，会怎么样？我坚信这将改变我们的经济，能够使我们挖掘出无穷无尽的新奇、伟大和令人兴奋的创意。只**要改变意图——从单纯做交易到促进转型——各个行业的规模和影响力将远远超过现在。**

我还认为经济模式是道德和伦理问题。大多数人在工作中想做好事，但交易经济本质上是不道德的。它把好人变成只想通过卖东西挣钱或完成指标的销售员。他们说服自己，只要卖出去就行，卖的东西是否对客户有用并不重要。

但这种态度会让生意不可持续。客户终究会发现，你的产品并不能帮助他们实现峰值效益。这就是为什么当今商界人士面临着我所说的"道德义务"。他们的行为必须符合道德规范，否则无法取得持久的成功。如今，信息通过互联网和其他的即时通信形式迅速传播，一个有错误意图的人很难取得长足发展。这就是我认为转型经济比交易经济更有效的原因。它不仅会带来进一步的繁荣，也更受商人喜欢，因为他们可以真正帮到客户。

我想说的就是这些。我相信：如果你有正确的意图，就能改变你的业务，真正帮助人们实现转型。你会意识到产品并不是故事的全部，你能做的事情还有很多。这样，你就永远不会缺乏帮助他人的大创意。

第八章

三个 C：大多数"企鹅"无法提供的三种福利

正如我们所了解的，如果你想创建大创意，并成为业内领头"企鹅"，你提供的价值必须比传统交易经济提供的要多。我们已经知道你可以通过帮助客户，实现他们的峰值效益，还可以通过促进转型，开发大创意，而不单单是和客户做交易。除此之外，还有第三种方法：为客户提供"三个 C"。

"三个 C"指的是关怀（Caring）、指导（Coaching）和协调（Coordination）。这些是旧的交易经济很少能提供的三种好处。让我们从"关怀"讲起。你打交道的供应商中，有多少人真正关心你？就算你够幸运，也不会超过一两个。再想想自己：你是真的在乎帮助客户实现他们的目标，还是只想卖东西？见图 8-1。

再来说说"指导"。有多少家企业会花时间一步步指导客户，确保他们做到实现其目标所需的一切？肯定很少。问问你自己：你会循序渐进地耐心指导客户，还是会急着完成交易？你的客户是否因为没有人指导整个过程而错过了一些重要步骤？

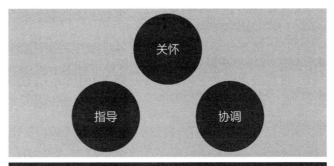

如果你给客户提供"三个C"（关怀、指导和协调），你的业务就可以实现更大的增值，赚更多的钱。

图 8-1　关怀、指导、协调

下一个 C 是"协调"。有多少家公司帮助客户查询和选择所有可用资源？只有少数。大多数公司只是向客户展示几样产品和服务，而不是介绍全部服务。他们把剩下的留给客户自己去了解。那么你呢？你将话题限制在要销售的资源上，还是帮助客户协调所有可利用的资源？

不幸的是，在交易经济中，人们很少会对别人提供关怀、指导和协调。这就是你的客户如此渴望"三个 C"的原因，他们等待有人能提供这些。你的机会来了。

首先说"关怀"。我与许多商人交谈过，他们担心自己没能为客户提供足够的价值。这种担心是值得赞扬的，也是发自内心的，但通常经不起推敲。如果他们真的关怀客户，那么肯定已经提供了客户所需的价值的 90%。

我这么说是因为很多公司并不真正关心客户，嘴上说的和实际做的是两码事。只注重交易的企业会固执地向客户推销特定的产品和服务。显然，他们首先关心的是自己。很可悲，但这是事实。

所以，当人们遇到真正关心自己的人时，会感激涕零。"关怀"在当今社会中可谓奇货可居。因此，请扪心自问：我真的关心我的客户吗？还是只关心我自己？

如果你对自己足够诚实，答案可能会让自己感到惊讶。当然，你是一个好人，但竞争激烈的经济主旋律就像黑洞一样，强力吸引着你。如果你之前的服务模式是这样，那么现在是时候改变方向了。

关怀客户的方法有很多。最重要的是优先考虑客户的事情，急客户所急。你的首要目标应该是帮助客户实现目标，让客户的成功成为你成功的根基。这是老生常谈的道理，但很少有人能真正做到。其次，自愿调整和重塑你的业务，以适应客户的需求。不要使你的产品和服务变得僵化和教条。最后，通过大创意，想出帮助客户的新途径。始终为他们提供有价值的服务。这表明你足够关心客户。

特别提示：关怀他人很重要，但帮助谁也有讲究。我不想让你做受气包。别人想得到你的关怀，就必须给你优厚的报酬，并且善待你。我们精力有限，只能照顾为数不多的人，所以必须有所取舍。你的"大创意"并不适合所有人，它只适用于那些感激你的人。不懂得感恩的人，不值得你关心。

其次是"指导"。在交易经济中，客户通常只涉及一个步骤：购买产品或服务。这种关系范围有限，但你能做的事情还有很多。你可以通过循序渐进的过程指导客户，协助他们彻底改变自身处境。你们可以有数百个步骤，就像"好身材计划"一样。

指导是非常有价值的，因为指导不是把你的意志强加给客户，而是赋予客户力量。你一步一步协助客户思考周全，并作出重要抉择。你不是在告诉他们你做了什么，而是帮他们弄清楚每一步需要做什么。

这种方法与传统的咨询有很大不同。咨询会提供所有问题的答案。而你的指导原则是调查情况后，给客户提供一些建议。你向客户推销的是你的意见和建议。

你要以指导员的身份，做一些不同的事情。你掌握的不是所有的答案，而是关键的问题。你问客户："您的目标是什么？想要怎样实现这些目标？"其实你不需要回答，只需要按正确的顺序提出正确的问题即可。

你要像个健身教练。如果只是健身咨询顾问，他会自己做俯卧撑给客户看，结果客户抱怨没有效果。但是一个健身教练会让客户做俯卧撑，这样客户才能练出好身材，并因此感谢你。

指导的效果比咨询好，因为重要的任务还是需要客户自己完成。问题在于他们不知道要做什么，也不知道按什么顺序去做。他们需要有人在这一过程中协助他们，督促他们。作为一名指导员，你可以帮助客户取得令人难以置信的好成绩。

再次是"协调"。协调的作用非常重要，也是合作中很有价值的角色。在当今这个快节奏的世界里，人们过得匆匆忙忙。客户没有时间仔细考虑，所以销售人员会向他们推销很多不实用的东西。客户以为自己需要某些东西，但很快发现这些交易并没有满足他们的需求。客户也知道有很多选择，但不知道该选哪些，也不知道如何组成最优组合。

这就是为什么现在的人们需要有人协调。客户需要有人向他们展示所有的选择，而不仅是那些只关心交易的销售人员推销的特定商品。客户还需要协调员来帮助他们选择并组成最优组合。

我以我的行业——营销业为例。如果你向广告公司寻求帮助，你认为他们会推荐什么？当然是广告。直邮公司会向你推荐直邮。网站设计公司会向你推荐网络营销活动。每个从业者都只推荐自己的特色，因为那是他们赚钱的方法。

但我们公司的做法不同。我们充当市场协调员的角色，帮助客户制订营销计划，然后研究所有可用的营销手段：广告、直邮、网站、书籍、研讨会、贸易展览、热气球以及客户可能需要的其他方法。我们是客观中立的，因为我们不依附于任何特定手段。我们只想确保客户是否选择了最好的营销方法。然后，我们去充当客户营销工作的协调人。例如，我们可以通过与广告公司、网页设计公司和直邮公司合作，协调客户的营销活动。

提供协调服务，会使你在客户心目中占据更高的地位。你不是一个为了自己的利益而兜售某种特定服务的销售人员，而是一个为他们的最佳利益着想的、客观的专家。

协调员这一角色也为你获得更多的收入创造了巨大机遇。曾经的竞争对手可以成为你潜在的供应商，你可以让他们为你的客户工作，你也能从中获利。你不再害怕客户与你的竞争对手打交道，因为你"掌控"着客户关系。

你的客户也会感激你提供的协调服务，因为这为他们节省了不少时间和精力。他们不需要再四处奔波，从不同的公司购买不同的产品。他们会更了解自己面对的选项，从而更加自信地作出决定。他们知道自己没有错过任何重要的事情，也知道每当有需要的时候，你是他们可以求助的唯一供应商。因此，客户今后所有的交易都将通过你来完成。

从品牌策划和包装的角度来看，"三个 C"影响深远。对客户的关怀、指导和协调，使你不再像只"企鹅"。你是一个与众不同的人。你的客户觉得你是独一无二的，对他们的帮助也是无可替代的。他们希望与你建立长期合作关系。

好消息是：你也会为其他可怜的"企鹅"提供更多的工

作机会。他们很乐意通过你的帮助，从你的客户那里找到工作机会。具有讽刺意味的是："三个 C"方法将会使其他"企鹅"心服口服，承认你的与众不同。

所以问问自己：你能做些什么来给客户提供更多的关怀、指导和协调？

第九章

价值金字塔：在经济活动中扮演重要角色

我知道我一直在讽刺企鹅，它们可能因此恼羞成怒，羽毛竖起，但我仍然觉得它们很可爱。我只是不想成为一只"企鹅"，不想淹没在拥挤的市场中。

所以我说在我们的经济中，每只"企鹅"都发挥着自己的作用：有些声名显赫，有些略显平凡。有些成为备受赞誉的架构师，而另一些只能做劳工。虽然这两者缺一不可，但赚大钱的当然是架构师。

如果你想脱离"企鹅"群，你必须决定要扮演什么角色：成为一名架构师，还是当个小工？我认为这是个重要抉择。你现在的角色不是命中注定的，也不是板上钉钉的，而取决于你对自己的看法。以汽车销售员为例，他们自己决定卖什么车。有人卖劳斯莱斯，有人卖大众汽车。从根本上讲，销售人员的技能和能力是一样的，只是其中一个决定卖普通汽车，另一个决定卖高档汽车。这就是我为什么说我们对自己的看法至关重要。如果我们认为自己能卖劳斯莱斯，那我们就要尝试去做。卖大众汽车也是这个道理。命运实际上是个人的选择，而不是强加的东西。

鉴于此，有必要认识到每个行业都有各个层次的角色，我称之为"价值金字塔"。了解每个层次有助于你选择适合自己的角色，还会助你的事业突飞猛进。

价值金字塔共有五层。每一层都代表一个人可以在经济活动中扮演的重要角色：理论家、架构师、承包商、建造者和劳工。让我们从顶层开始说起。

理论家：理论家是开发模式的人，他们研究什么模式是可行的，什么模式是不可行的。弗兰克·劳埃德·赖特（Frank Lloyd Wright）创立了一种叫作"草原式住宅"的新建筑模式。阿尔伯特·爱因斯坦（Albert Einstein）创建了一个新的宇宙模型，称为"相对论"。在金融服务业，哈里·马科维茨（Harry Markowitz）是现代投资组合理论的创始人之一，全世界数百万投资经理都在使用他的组合理论。这是你在经济活动中可以扮演的最高级角色。

架构师： 架构师基于理论家开发的模式创建蓝图。例如，架构师可以根据赖特的草原式住宅模式，设计图纸。物理学家们根据爱因斯坦的相对论模式，绘制了激光技术的蓝图。投资组合架构师们使用马科维茨的现代投资组合理论，为客户制定资产配置蓝图。架构师是你在经济活动中可以扮演的第二重要的角色。

承包商： 承包商根据架构师绘制的蓝图，进行项目施工。例如，建筑承包商建造由架构师设计的房屋。他们以蓝图作为指导，完成所有项目，并协调下一层级"建造者"的工作。承包商是你在经济活动中可以扮演的第三层角色。

建造者： 在由承包商协调的项目组中工作的人。以建筑业为例，建造者有水管工、电工和木匠等。他们掌握某种特定技能，并从事精细化的专业工作。"企鹅"们很容易沉浸在建造者的角色中。

劳工： 劳工在由建造者管理的具体工作中完成任务。他们像在工厂工作的小工和临时工。他们按别人的指示做事情，但对所做工作的整体情况知之甚少。这是价值金字塔的最底层。

如果你仔细观察这个金字塔，你会发现经济活动中的每个参与者都属于金字塔中的某个角色，而且每个角色都不可或缺。没有劳工，就建不了胡佛大坝①。但更重要的一点是：你扮演的角色不是命运，而是选择。我相信大多数"企鹅"可以在价值金字塔上爬得更高，他们中的大多数都可以达到理论家的水平。见图 9–1。

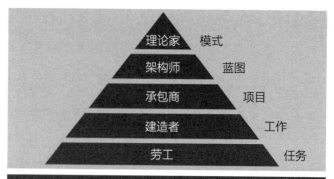

图 9–1　理论家、架构师、承包商、建造者、劳工

我之所以这么说，是因为我相信所有人都有理论可以包装，所有人都可以为客户绘制蓝图，而且所有人都可以当承

① 胡佛大坝（Hoover Dam）：开发科罗拉多河水资源的重要工程，位于美国亚利桑那州和内华达州边境。该水坝建于1930年至1936年，至今仍然是世界知名的建筑。——译者注

包商来协调项目。但大多数"企鹅"都没这么做。他们只是充当建造者，或困在交易经济中，提供单一的、不起眼的服务或产品。所以他们赚钱少、地位低、权力小，看起来和其他"企鹅"一样平凡。

象征空间领航员

那么，如何将建造者的角色"升级"，将其包装成一名架构师或理论家呢？你首先要了解如何驾驭象征空间——这是我多年前创造的术语。我认为新经济时代要求我们善于驾驭概念世界（象征空间），善于开发和包装模式、概念和符号。这与旧工业经济的情况相反，在旧工业经济中，财富主要来自对物质世界的操纵。

理论家是在象征空间中构思和包装概念的行家。他们把不同的创意和概念结合在一起，形成关于世界如何运转的新颖理论。爱因斯坦就是这样，他在象征空间工作，他并不需要以光速旅行。他只需做相关的思想实验，就提出了新的宇宙运转模式。

我相信我们都能驾驭象征空间。事实上，我们一直都在这么做。我们经常思考什么行得通，什么行不通。当一个婴儿用他的手指去碰触热的烤箱门时，他就会立刻明白什么可以做，什么不可以做。这有助于婴儿在自己的行为模式中增加一个新元素：烤箱并不好玩。

通过审视关于对错好坏的理论，你可以把自己包装成一个理论家。假设你是一名企业招聘人员，凭借十年的工作经验，你知道在招聘新员工时哪些招聘方式是有效的，哪些是无效的。你对于"什么方式是有效的"所持的想法就成了你的模式，而对于"什么方式是无效的"所持的想法成了你的反模式。瞧！你成了一个理论家。关键是要像我一样将这些概念和模式用特定的名字包装起来（例如，价值金字塔、转型经济或象征空间）。

重点是：每只"企鹅"都有自己的一套理论，但只有少数"企鹅"懂得将自己的理论包装起来。而他们就是那些写书、演讲，在行业中高调亮相的"企鹅"。

那么，架构师的角色呢？我再说一遍，每只"企鹅"都可以成为架构师。他们只需逐步引导客户规划实现目标的流程，就能帮助客户创建蓝图。这就是我让我所有来咨询的客户打包一份大创意"美食"规划的原因，这样他们就可以担任架构师的角色。

第三个角色——承包商怎么样？你也可以把自己的服务包装成承包商来提高价值，赚取更多的钱。你可以通过协调所有的建造者来帮助你的客户实现目标。此外，你要选聘建造者，即使他们可能是你以前的竞争对手"企鹅"。

理论家、架构师和承包商是你在经济领域可以扮演的三个高级角色，它们能增加你的影响力、形象和收入。

第三部分

包装大创意

PART3

第十章

最后的 5%：为什么包装如此重要

你只需要再付出 5% 的努力，就能获得不可思议的成功。

早在 1962 年，有一位名叫琴·尼德契（Jean Nidetch）的女士住在布鲁克林。当时，她想要减肥，因为她的体重超过了 136 千克。于是她去听了当地医院的一个讲座，学习了一些基本的节食技巧。她非常自律，严格遵循建议，在 6 个月内瘦到了约 59 千克。她非凡的转变震惊了朋友和邻居，纷纷请她帮助自己减肥。于是，她在自己家里成立了一个减肥小组，每月向小组成员们收取 5 美元。

在接下来的三年里，琴帮助了数百人减肥。她的生意做得不错，但她不知道这是一个有待开发的金矿。她只差最后的 5%：包装。

***

"包装还是不包装？"这是个问题。不包装自己，一直保持高傲的姿态，还是把自己包装成虚假的样子？许多考虑"离群"、想变得出众的企鹅会问自己这个问题。

包装常常被赋予负面意义。我们说政客或老牌摇滚明星虚伪或做作，是因为他们"伪装（包装）"了自己。我们说傻白甜女演员靠的是"装腔作势（包装）"。这种观念使我们认为，包装只是用来美化一些不重要或不诚实的东西。

当然，包装可以美化没有什么内在价值的东西。但我认为，包装的真正目的是帮助别人轻松体会某些东西的真实价值和美感。做得好的话，包装可以帮助被包装人消除误解、愚昧和偏见。是否包装完全取决于你的意愿。

比如说，我见过许多被误解的企业主。潜在客户看不到他们提供的独特价值，认为他们和其他"企鹅"一样，因为他们没有用包装来放大自身特点和优势。他们叹息自己的产品的优势像是世间最大的奥秘，不为人所知。

我有很多客户说，在包装大创意之前，潜在客户认为他们只是个试图卖掉商品的推销员，甚至是受销售业绩驱使的

"骗子"。潜在客户一开始就对他们有偏见，因为他们没有通过包装介绍真实的自己：一个乐于助人、有爱心的人。

完成包装后，我的客户可以轻松传达自己的真实情况和意图，任何误解都很快被消除。他们的潜在客户可以立即明白他们不仅是千篇一律的"企鹅"。新包装有助于他们快速与优秀客户建立信任，发展持久的关系。

我们必须记住，每个人都是被"包装"的。我们说的每一句话、做的每一件事，以及外表体态都构成了包装。这些包装要么传达正确的信息，要么传达错误的信息；要么传达积极的形象，要么传达消极的形象。换句话说，即使你什么都不做，你也处于被包装的状态。但是，如果你不用心包装自己，"未包装"状态可能会给人违背你本意的印象。

品牌与包装的区别

许多人把"品牌"和"包装"这两个词挂在嘴边，却说不出它们的明确定义。有些人认为两者是同一回事，另一些人则承认不知道这些词的意思，但仍然对品牌建设和包装业务表现出浓厚的兴趣。显然，想要正确建设品牌和包装，我们最好从定义术语开始。

经过大量的思考和讨论，我得出了以下定义：

品牌：你的品牌是客户对你和你们公司的感受和想法的组合；

包装：包装是创意、文字、图像和体验的组合，帮助你的品牌在客户心中留下深刻印象。

也就是说，品牌存在于客户的心中，而包装是为了让品牌深入客户心中所做的事情。

我喜欢这些定义，因为它们体现出品牌和包装是既相关又不同的事物。你不能二者选一或者厚此薄彼。"品牌"是个名词，指一样东西，而"包装"是个动词，指一种行动。从另一个角度看，品牌关系到你的客户（客户的想法和感受），而包装关系到你自身和你所做的事情。

让我们以星巴克为例。星巴克是北美著名的连锁咖啡店品牌，其业务结合了有形（咖啡）和无形（气氛）的价值。顾客对星巴克有强烈、生动的想法和感受。在店里，他们可以联想到按照自己喜欢的方式调制的美味咖啡、壁炉旁舒适的沙发和友好的社区氛围。这些想法唤起强烈的情感反应，是由人类对舒适、陪伴、呵护和尊重的基本需求所激发的。关键是，星巴克的品牌价值不在于其门店、咖啡或公司总部，而在于顾客心中的印象。

那么，星巴克是如何让自己的品牌深入顾客心中的？星巴克通过包装把创意、文字、图像和体验组合在一起，给顾客留下了深刻的印象。久而久之，星巴克在顾客心中树立了强大而积极的品牌形象。

是什么让品牌变得强大？ 当"强大"一词用于品牌上时，有两方面的主要含义。首先，如果你所在市场的每个人都知道你的公司，这表明你的品牌很强大。不过，光有名气是不够的。只有当你的品牌在客户心中唤起正确的感受和想法时，才会真正强大。

我所说的"正确"涉及两个问题。第一，你的客户是否真正了解你业务的独特之处以及可以提供给他们的帮助？是否对你的业务有错误印象或感到困惑？是否将你与市场上的其他"企鹅"混为一谈？第二，客户对你们公司的评价是积极的还是消极的？喜欢还是讨厌，甚至漠不关心？显然，只有当潜在客户清楚地了解你的业务，并且有积极的感受时，你的品牌才能真正强大。

为什么说强大的品牌会有帮助？ 强大的品牌会带动业务的增长，将业绩提升到新的高度。当你的品牌广为人知时，你可以接触到更多的潜在客户，能够更轻易地传达你的故事。此外，如果人们对你的公司有好感，也会对你的销售和营销工作持更加开放、更加信任的态度。这样一来，潜在客户更愿意购买你的产品，你推销时遇到的阻力就会更少。

为了进一步强调品牌的力量，我们再看看"弱势"品牌是什么样子。想象一下，市场上几乎无人知晓你的公司，或者大多数潜在客户对你的业务有错误的认知，或者对你们公司有负面的想法和感受。在这种情况下，你的营销效率会明显降低，销售也会变得越发困难。

我想我们都会同意拥有强大的品牌是一件好事，甚至是一件了不起的事情。接下来的问题是：如何利用包装，为你们公司打造强大的品牌？

***

品牌和包装并不是无关紧要的事情。我有一位客户叫汤姆，他是个不受待见的人寿保险代理人。因为人们认为他只是个推销员，不知道他是一个非常有爱心的人，曾经从金融危机中拯救了数百个家庭。即使在这一行干了 25 年，他对产品的包装并没有传递出正确的信息，品牌形象也令人失望，这使他很难结识新客户，达成更多的销售。25 年过去了，每天的工作对他来说始终是个艰辛的挑战。

我曾与数十个行业的数百家公司合作过。这些公司的人员有着同样的哀叹："没有人知道我们在做什么。""别人认为我们和竞争对手没什么不一样。""他们认为我们只想推销东西。""如果能给我们一次机会，他们就会明白我们是多么与众不同。"

可悲的是：大多数公司能够提供高价值、新品类的东西，但包装方面并没有体现出自身优势。95% 的工作已经完成，有了很棒的产品和出色的服务。但 95% 是不够的，还需要增加另外的 5%（包装），才可以使一切彻底改变。事实上，包装上这关键的 5% 的工作，可以带来千倍的投资回报。

＊＊＊

还记得琴·尼德契吗？她的减肥生意挺红火，但规模始终不大。她不知道自己坐拥"金矿"，只需要做最后 5% 的工作：包装。

有一天，琴遇到了一位专业的包装师。他说包装可以帮助琴赚更多的钱，使琴的事业更加出众。他有个设想：琴可以授权特许经营她的饮食减肥业务，这一概念在那个时代并不流行。她只需要把减肥过程按步骤记录下来，包装成循序渐进的流程。最重要的是给整个流程起个名字。

给减肥服务起名让琴觉得不可思议。她可以想象给物品命名，比如一辆汽车或一款饮料，但从未想过给看不见摸不着的活动命名。

但包装师继续说服她：给品牌起名会带来很不一般的效果，会使她的故事更生动，使她的服务更令人难忘。最重要的是，品牌名将更好地宣传她特殊的饮食瘦身模式。

琴问道："好吧，那么我们怎样给它起名字呢？"包装师问："你教别人减肥的时候，让他们做什么？"琴回答："我让他们定期称体重，提醒他们注意自己的体重。"包装师说："那么我们就叫它'体重观察者'[①]吧。"

琴将自己的饮食瘦身法命名为"体重观察者"，并将帮助朋友减肥的步骤进行了包装，以便其他健身教练可以指导人们完成整个过程。有了这个完整的包装，她能够在世界各地销售特许经营权。1976 年，她以 3.6 亿美元的高价将公司

---

① Weight Watchers直译为"体重观察者"，是琴·尼德契女士创立的美国食疗减肥品牌，在中国的机构用"慧俪轻体"这一名称。——译者注

卖给了亨氏（Heinz）。

那么，你是否也坐拥"金矿"？如果做最后 5% 的工作——包装，你觉得你的业务会实现指数级增长吗？

第十一章

时钟嘀嗒响：快为大创意创建主题

　　我觉得他是世界上最无聊的人。

　　我是在参加加利福尼亚州的一次金融服务会议时遇到他的。他来到我们的展位，想利用我们在展会上提供的一项名为"电梯演讲包装者"的免费服务：我们承诺帮助参会人员升级三十分钟的信息广告，使之更加有趣和有效。我们还承诺升级将在十五分钟内完成。

　　但他没有给我多少合作的机会，这位"客户"真是无聊到登峰造极的地步。他对他的业务泛泛而谈，毫无亮点。他一直在介绍技术细节，而且总是离题。十二分钟后，我仍然想不出任何有趣的方式来包装他的电梯演讲。时钟在嘀嗒作响，只剩下三分钟了。

***

　　问题是：说起他们的业务，大多数"企鹅"讲的故事都很无聊。他们的电梯演讲要么平淡无奇，要么太过复杂，而且雷同于其他数百只"企鹅"的演讲。此外，演讲内容也前后不一致。每当有人问他们做的是什么的时候，"企鹅"们都会争先恐后地想出一些自以为是的回答，然后要么笨嘴拙舌，要么毫不思考地说出一些令人反感的话。这是因为他们从来没有包装过自己的故事，特别是他们的电梯演讲。

　　这是个大问题，因为你通常只有很短的时间来给潜在客户留下印象。你只有大约三十秒的时间讲清楚你的故事，所以故事最好精彩绝伦。如果是宽泛地介绍，比如说"我是一名律师"或"我是一名牙医"，没有人会继续探究。大家都知道律师和牙医是干什么的。人们会简单地把你归入行业类别之下，然后不再过问。

　　如果你的故事错综复杂，就会把人弄糊涂。例如，你说自己是个"利用叔本华（Schopenhauer）的动力离心模型，重组投资组合的空间财富工程师"，潜在客户会听得一头雾水。他们也懒得刨根问底，只会转向能够和他们无障碍交流的其他人。

在故事太枯燥或太复杂的两种情况下，潜在客户就不会和你建立联系。如果你表现得无聊或愚钝，就无法吸引客户的兴趣。因此，如果潜在客户不觉得你和其他"企鹅"有什么不同，就不会和你继续发展合作关系。这将使你失去生意机会。

***

还记得我还剩三分钟时间为那个来自俄亥俄州的无聊家伙想出好点子吗？这时，一群人围在展位周围，想看我怎样包装电梯演讲。但我毫无头绪，不知道怎样让这个人变得有趣。

还好，后来我突然有了灵感。我问他："你有什么爱好吗？"他说有。他告诉我他喜欢收集钟表，在他俄亥俄州的家里有三百多只钟表。

我想象着一个摆满三百多只钟表的房间：落地大摆钟、闹钟和布谷鸟钟。这些时钟都在嘀嗒作响。我对他说："你可不可以这样说，'我帮助企业主意识到他们的财务时钟在嘀嗒作响。我可以帮他们在闹钟响起前制订好计划。'"

片刻的沉默之后，爆发出热烈的掌声，大家都喜欢这个方案。那个来自俄亥俄州的人很激动。他现在有了一个与爱好相关的有趣的电梯演讲。这段说辞很有说服力，也能引导后续提问。人们会问："我的财务时钟在嘀嗒作响，这是什么意思？闹钟响了会怎样？怎么做才能预防这些问题？"

这位钟表发烧友——以前是来自俄亥俄州的无聊家伙——现在有了能够引起别人兴趣的"钩子"。钟表作为一个类比或主题，使他更容易被人记住。从现在起，人们知道他是钟表发烧友。这种简单而有效的方式使他永远有别于其他"企鹅"。

这个主题也给了他推广的思路。他回到俄亥俄州后，买了五百只便宜的闹钟，把这些闹钟和卡片一起寄给了潜在客户，并在卡片上写上了他的电梯演讲内容。当跟进客户时，他说："您收到闹钟了吗？您觉得您的财务时钟在嘀嗒作响吗？需要我在闹钟响起前帮助您吗？"

这个方法成功了，因为他的主题很特别。人们收到了他的闹钟，这也让他们认真思考自己的财务状况，想起采取行动的重要性。结果，他有了更多的客户，赚了更多的钱。

***

那么，该如何让你的故事吸引人呢？

你可以从任何地方获得你的主题。它可以是个人故事，可以是一种动物或一项活动，也可以是你看过的一部电影或读过的一本书，或者是你的一种爱好。

我从我的前一本书中学到了这一课。这本书的主题基于我的个人经历——我通过卖出 1400 只龙虾，赢得了服务员比赛（如果你想了解我是怎么做到的，我强烈建议您买一本）。

这是我的第一本有"主题"的书。我写的其他书也很受欢迎，但它们更像教科书，吸引力不大。换句话说，它们并未充分抓住人们的想象力。

后来，我读了《谁动了我的奶酪》（*Who Moved My Cheese?*）。这是一个讲述小老鼠如何应对变化的可爱故事。讨论"改变"的文章有成百上千，但这本书激发人们的想象，因为作者斯宾塞·约翰逊（Spencer Johnson）运用了类比手法。我注意到这本书卖出了几百万册。

所以我决定围绕"龙虾"这个主题来写我的书。我从龙虾比赛的故事开始提笔，又在封面上印了一只龙虾。我想让人们感到好奇："龙虾"故事到底是怎么一回事？

这一策略奏效了。我的书已经在超过 25 个国家，以十几种语言出版。经常有人对我说："你就是那个卖龙虾的。"我在日本小有名气，这本书在那里很畅销。我收到一些日本读者的电子邮件，对方想从我这个卖龙虾的伙计口中得到建议。

　　故事的主题要做到既有效又有趣。我学到的经验是在赚钱方面，有趣是一种美德。如果你和别人相处得愉快，对方就会信任你，这让你更快地结交更多的客户。虽然我们认为应该严肃认真——因为这毕竟是生意，但我发现，有趣的东西卖得更好。

　　所以我会继续保持有趣。这就是为什么本书的主题是"企鹅"。我在动物王国里选择主题，我想，下一本书我可能会写"大象"或者"浣熊"。

　　你的主题可以直截了当，就像前面那位钟表发烧友的情况，也可以神秘隐晦，就像"龙虾"或"企鹅"。我认为神秘的主题效果会更好，因为能让人产生一种脱节感。例如，当人们在我们的展位上看到一只大企鹅时，他们感到难以理解。因为这与我们的日常经验是不相关的。人的大脑体验到脱节感后，会觉得有必要建立连接。所以，人们走到我们的展台前问："你们为什么在这里摆一只大企鹅？"这就是我要的效果。现在我有机会和他们建立关系了。

　　一个主题无论是相关的还是不相关的，都必须要有一个好的故事基调。否则，它就只是故弄玄虚的东西。所以我说，某一个特定行业的人在潜在客户看来都是一模一样的，就像企鹅。主题的整体思路是加强你希望潜在客户知道的重要观点或教训。

下面说说我的客户所使用的三个有效主题。

土拨鼠日综合征：斯科特·福特（Scott Ford）是加拿大安大略省里士满希尔的一名财务顾问。他要想方设法从竞争中脱颖而出，获得潜在客户的关注。他知道如果在当地报纸上刊登一则标准的金融服务广告——包括他的照片、公司名称和服务清单——只会淹没在一大堆相似的广告中。于是，我们想出了一个主题："克服土拨鼠日综合征"。

你可能会问："什么是土拨鼠日综合征？"斯科特解释说，他的大多数潜在客户对生活感到厌倦，没有什么事可以让他们提起兴趣——特别是在市场低迷时期。他们就像电影《土拨鼠之日》①中的比尔·默瑞（Bill Murray）一样，不断重复着同一天的生活。

---

① 《土拨鼠之日》（*The Groundhog Day*）：美国奇幻片。比尔·默瑞扮演的菲尔（Phil）对自己的工作和生活感到厌倦。在美国传统土拨鼠日那天，发生了神奇的事情：菲尔从此重复着同一天的生活，每天都是土拨鼠日。——译者注

这是一个很好的故事，恰到好处地体现了他的大多数潜在客户的感受。为了传达这个神秘的主题，我们制作了带有土拨鼠图片的广告，并录制了演示光盘。"土拨鼠"这一主题非常棒，现在斯科特可以在他所有的营销工具和活动中，长期使用这个有趣的主题。

国王的盔甲：道恩·弗雷尔（Dawn Frail）是一位演说家和教练，她指导女性利用性别优势，成为优秀的领导者。她创建了一个叫作"心灵法则"的项目。道恩期待有个既引人注目又意味深长的主题，从而更好地推广这个项目。她想到了"国王的盔甲"。

道恩说，大多数女性担任领导职务时，想发挥男性优势。但这行不通，因为她们试图成为另一个人。她说，女性领导必须利用自己的女性优势，才能发自内心地领导。

为了让我听明白，道恩讲了大卫（David）和歌利亚（Goliath）的故事[①]。当大卫准备迎战巨人歌利亚时，国王给大卫穿了自己的战甲。但是盔甲并不合身，大卫意识到穿上

[①] 大卫和歌利亚的故事：详见《圣经·旧约全书·撒母耳记（上）》。——译者注

盔甲后，他无法发挥自己的真正实力。于是他把盔甲脱了下来，结果正如我们所知，他用投石弹弓射死了歌利亚。

道恩说，同样的事情也发生在女性领导者身上。她们试图穿上男人的盔甲，但它并不合身。在男性力量的伪装下，她们作为一个领导者，实际上是失败的。道恩教她们脱掉男性（国王）的盔甲，用自己的女性魅力来领导。

道恩在她所有的宣传材料中都使用了这个主题。她发表了一篇主题演讲，题为"国王的盔甲"。她还计划撰写同名著作。

驯服大象：帕特里克·卡罗尔（Patrick Carroll）是一名财务顾问。他也是财富战略集团（Wealth Strategies Group）的总裁和"生活方式保护者"项目的创始人。最近，帕特里克发现，关于投资和财务规划战略的标准金融研讨会吸引力并不大。他需要一个新颖的、与众不同的主题。

在我们的几次讨论中，帕特里克意识到他提供的真正价值是帮助客户处理与金钱的感性关系。他说，人们不会利用理性思维来做财务决策，反而通常被情感左右——这有时会导致灾难性后果。

这让我们想起了乔纳森·海特（Jonathan Haidt）的书

《象与骑象人》（ *The Happiness Hypothesis* ）。海特说，人就像一头大象和一个骑象人的复合体。大象代表一个人的感性思维，而骑象人代表一个人的理性思维。海特问道：如果大象想向左走，骑象人想向右走，最终会走哪一条路？当然，这个人会朝大象希望的方向走。海特说，大多数人会遵循自己的情感，而不是理智，因为大象说了算。

为了使故事符合主题，我们决定创建一个名为"驯服大象"的主题：如何掌控你与金钱的感性关系。帕特里克在研讨会和演讲中使用这个主题，获得了极好的反响。人们想知道"驯服大象"是怎么回事。帕特里克还录制了一张具有相同标题和主题的音频光盘。

如果你想创建自己的故事，从"企鹅"群中出类拔萃，请尝试以下步骤：

1. 确定你的潜在客户面临的问题，以及你打算用什么办法帮他们解决问题（例如，商人的问题大致都是通过包装大创意来赢得竞争）；

2. 你能否想出一个与你的主题思维接近的类比（例如，一群长得差不多的企鹅）；

3. 根据主题，起一个响亮的标题（例如，"企鹅问题"）；

4. 找一张与你的主题相匹配的、博人眼球的图片（例如，南极洲企鹅的图片）；

5. 在你的营销手段和活动（广告、文章、手册、网站、书籍、光盘和录像等）中，使用选好的图片、标题和故事。

如果遵循这些步骤，你就会想出一个能吸引潜在客户的主题。风趣一点，别太严肃。人们在玩得开心的时候，响应会更好。研究还表明，乡村、动物和历史主题的效果很好，因为它们能够在潜在客户的心中引起深刻的、积极的反馈。科技、城市和体育主题的效果就不甚理想。

那么，你的主题是什么？

第十二章

专注：品牌名称会引起客户的注意

温斯顿·丘吉尔（Winston Churchill）曾打趣说，没有什么比被枪击更令人引起关注的了。这句话也许是对的，但喊名字才是一种让人关注的安全方式。

给你的大创意起个品牌名称，是引起潜在客户注意的最佳方法。你可以告诉客户，你做的是开发和包装营销创意的工作，你的项目叫"大创意历险"；你帮客户做财务规划，开展"财富成功解决方案"项目；你是一名牙医，你的项目叫作"自信的微笑"。

用品牌名称来描述无形的东西，你会让它变得具体，就像把看不见的东西变成看得见的东西。通过命名你的大创意，你赋予它合法性和执着力。科学家已经证实，人的大脑天生就适合存储有名字的东西。大脑无处安放它所接收的、没有名字的信息。

早在 1987 年，也就是我开始创业的那一年，我就发现了品牌的力量。我当时为一个叫温迪（Wendy）的女士提供服务。她的业务是商业清洗和熨烫。客户把他们制作的衣服送到温迪那里进行清洗和熨烫，再运往零售服装店。

温迪的生意很好，但她有一个难题。她的英语不太好，因为她来自香港。她很难快速解释自己提供的服务，从而抢在竞争者之前与潜在客户合作。

经过几次交流后，我们为温迪的服务想出了一个品牌名称："快捷熨烫系统"。我们把她所做的工作当作一个"系统"，还强调了其优势：又快又简单。这个名字也使她的服务听起来很特别，而不仅仅是普通的商业清洗和熨烫服务。

用这个品牌名称后，温迪讲述她的业务时变得更从容，更有说服力。潜在客户询问有关"熨烫系统"的问题时，她就会介绍整个流程的六个步骤，这可以使客户轻松了解她的服务的全部价值。

我们还想出了一个标语："快捷熨烫系统：我们知道您的需求是迫切的"。这一标语既有趣又醒目，而且不会过时。二十多年来，她在各种营销活动中使用了这个名字和标语。

这种包装帮助她的事业从夫妻店发展为大型商业企业。

几年前，我有一位客户叫道格·麦克弗森（Doug McPherson）。他在美国马里兰州经营着一家继任计划公司。他与建筑公司的业主合作，帮助他们出售业务或将其传给下一代。

道格打电话跟我说，他遇到了麻烦。他说他总是只能在清晨的建筑工地与潜在客户见面。因为太忙碌，客户往往只愿意给他十五分钟时间解释业务。道格说他做不到，他至少需要一小时，才能解释清楚自己业务的全部价值。

显然，道格需要命名他的大创意，并制定一个更好的电梯演讲。

在讨论过程中，道格告诉我，建筑公司经常创建一个叫作"关键路径"的文件。这份文件列出建造一栋建筑的分步计划，以及每一步的截止日期。他一直在考虑将"关键路径"这一主题用于他的大创意。他想把它称为"麦克弗森关键路径进程"。我认为这是一个好主意，所以建议他在下一次电话销售时尝试使用这个主题。

第二天，道格去了一处建筑工地。那里的老板告诉道格，他只有十五分钟时间听他讲。道格回答说他不需要那么长时间。他说："我有一个叫'关键路径进程'的项目，可以为您的企业继任计划创建关键路径。"令人惊讶的是，那位潜在客户说："我需要这样的关键路径。我们什么时候可以开始？"

道格很快意识到，给大创意起品牌名称有助于吸引潜在客户注意。通过使用客户熟悉的类比，道格不必再花一个小时唠唠叨叨。潜在客户早就了解"关键路径"这个术语，所以他也无须再解释了。潜在客户也可以更直观地想象他将收到的文件，因为他一直在处理类似文件。作为一种速记工具，品牌名称使潜在客户能够更快地做出决定，也让道格可以轻松完成销售。

初战告捷后，道格多年来一直使用"关键路径进程"这一品牌名称，业务也因此大幅增长。他围绕这一品牌名称建立了完整的包装，包括活页夹、宣传册和说明手册。道格现在致力于将他的项目和包装授权给其他顾问，而这一切都是从命名他的大创意开始的。

起名过程：命名你的大创意有时不难，可能你马上就能想到一个好名字。甚至有时，不费吹灰之力就能想到正确的名字，而有时，你可能需要琢磨一段时间。就我而言，当有大创意时，我会尽快想出一个可行的名字。我不在乎这是不是一个好名字，只要有利用价值就行。

　　想出一个实用的品牌名称可以减轻你的压力，让你着手构思大创意。人们常常为了想出一个完美的名称而陷入僵局。我曾与一位女士合作，她不喜欢我们建议的品牌名称。她想要更好的名称，所以决定继续想一想。她没有再联系我，但一年后我在一次会议上与她碰面了，她说她没有继续在她的大创意上下功夫，因为一直没有想出合适的品牌名称。我告诉她，她浪费了一年的时间，她本可以使用自己的大创意来赚钱，不管用一个什么名称。我还告诉她，如果她积极使用她的大创意，可能已想出一个很好的名称。因此，她学到了教训，不再纠结于品牌名称。

　　你一定要认识到，你不需要喜欢你想出的名称，但它必须有效。几年前，我在本地一所大学开设了一个网络营销讲习班。这个课程很好，但我们只吸引了十到十五个人。我想也许是因为我们没有把课程包装好，所以我给它起名为"数字营销讲习班"。我喜欢这个名字，因为这个名称表示课程主题不仅关系到互联网，还涵盖了数字世界的方方面面，但它不起作用。所以我把名字改成了"网络营销讲习班"。我不喜欢这个名字，因为它既平庸又肤浅，但效果要好得多，我们的第二场讲习班招收了五十个人。所以这个教训很重要。要记住：一个名称好不好，不在于你是否喜欢它，也不在于你的家人是否喜欢它，而在于它是否好用。

特色活动：如果你能围绕一个对你来说独特的活动，制定品牌名称和电梯演讲内容，效果就会更好。我称之为"特色活动"。这种策略有助于让潜在客户关注你正在做的事情。

道格·麦克弗森用他的品牌名称给客户呈现了一个特色活动。他的潜在客户可以轻易理解为他们的继任工作制定一份"关键路径"文件的意义。这让道格更容易解释他的服务，也让潜在客户更愿意购买。

我为我的品牌名称"大创意历险"策划了一个特色活动。我告诉客户，我可以为他们的业务开发和包装大创意。具体来说，我将在九十分钟的免费课程"大创意全装备"中做到这些。这个名字很有效，因为大多数潜在客户对"大创意"很感兴趣。

我有个客户叫杰森·格林利斯（Jason Greenlees）。他为他的"全面财务组织者"项目构思了一个基于特色活动的故事。他通过整理一份题为"全面财务组织者"的活页夹，帮助人们全面组织财务问题。

杰森只要向客户介绍故事，并给他们看活页夹案例，他们就说："我需要这种东西。我们什么时候可以开始项目？"这使杰森的工作变得轻松，很快接触到了大量潜在客户。

尴尬的开始：请注意，一开始用品牌名称来表达你的大创意会感觉很奇怪。但你会发现，这个名字让你更容易讲述你的故事，也更容易让潜在客户了解你的业务。你只要多试几次就习惯了。

关于命名大创意的几点建议：

● 名称最好不要超过四个字。很长的名字会让人厌倦；

● 给大创意起个具体的名字，这会让无形的大创意变得看得见、摸得着；

● 不要使用首字母缩略词作为名称，例如 TSSP 或 FGBY。你想把你的大创意定位为"美食"，但首字母缩略词让它看起来像廉价快餐；

● 搜索互联网，查一查是否已有其他人使用该名称。尝试注册域名，如果可以的话就把域名买下来；

● 你可以为你的品牌名称配上商标符号。这只是表明你打算以后向政府注册这个品牌商标；

● 一旦确定一个名称，最好让律师向政府申请为注册商标。

那么，你的大创意叫什么名字？

第十三章

概念龙卷风：包装你的创意和概念

我有一个客户，在与我合作之前，她专挑自己的"不是"。

梅特·基廷（Mette Keating）不是室内设计师，不是配色师，也不是室内布置设计师……"那你是做什么的？"我问她。"我不知道。"她说，"这些活儿我都做，我没有什么专项。所以，说我是一个室内设计师或室内布置设计师，都不贴切。我的工作远不止这些。"

梅特和千千万万个咨询师、顾问、演讲者、作家和其他专家一样，被卷入了问题旋涡中——我称之为"概念龙卷风"。各种各样的创意、概念、符号和模式像龙卷风一样，在他们的脑海中盘旋，以至于他们不知道自己做了什么，只想到没有做什么。

概念龙卷风是当今社会的一大问题，因为我们在不断地创新和重塑工作。随着收集信息、知识和学问的渠道增多，我们将不同的方式方法纳入到工作中。这种融合极具创造性，也非常有益，因为它带来新的、更为有效的问题解决方案，但同时也使我们更难包装自己。我们不能再使用旧的职业标签——如教师、会计师、营销人员、保险顾问和室内设计师——因为这些定义只能描述我们所做工作的部分要素。

我的妻子金妮也有这样的问题。她是一名心理治疗师（主要对象是我。也许某一天，这会是我另一本书的主题）。她为抑郁症和焦虑症患者开设心理疏导工作室。她的方法很有效，因为结合了认知行为疗法、格式塔疗法和冥想，还融合了各种干预手段、理念和治疗手段等元素。虽然她的工作室颇有名气，但她有时却很难表达清楚她的心理疗法，因为她组合了三种不同模式。

盖尔·麦克斯韦（Gair Maxwell）是另一位在概念龙卷风中旋转的人。他的公司芬蒂集团（Fendy Group）帮助客户创建品牌。盖尔和他的团队通力合作，创下了很好的业绩，但他们很难解释他们方法论背后的理论和原理。正如盖尔告诉我的那样："我们有一大堆乱七八糟的想法和半生不熟的创意，但没有一个连贯的理论。这让我们很难自信地讲述自己的故事，也让我们失去了生意。"

梅特、金妮和盖尔都是现如今有头脑的商业人士的典型代表。他们有很多厉害的创意和设想，但不知道如何通过讲述简单的故事来使想法付诸实践。他们也没有意识到，逃离概念龙卷风的方法一直都在自己的眼前。

***

那么，如何逃离概念龙卷风呢？很简单。不要总想着你自己，想想你的客户吧。开始思考客户从你的概念大杂烩中得到什么好处。这样，你才会有独一无二的包装。

让我们从梅特的情况开始。我让她想一想她的客户——企业主们。我问："你的潜在客户面临的最大问题是什么？"她脱口而出："他们的办公环境枯燥无聊。"我说："很好，但这会导致什么问题呢？"她说："嗯……这会让办公室里的每一个人都感到死气沉沉，他们的工作表现就不会理想。他们觉得自己在'死亡地带'工作。"

"那么，你们提供什么峰值效益来解决这个问题呢？"我问道。"我帮助客户打造让每一位员工都精力充沛的办公室，"她回答。于是我说："那就把你的项目叫作'办公室激活解决方案'吧。"

梅特很喜欢这个名字和概念，因为它涵盖了所有问题。她不再需要谈论室内设计、色彩搭配和环境布局等。她只谈论客户，让客户了解他们想要自己的办公环境朝气蓬勃、充满活力。

在金妮的案例中，我们关注的是她帮助患者学习什么技能，以缓解焦虑和抑郁。金妮说，首要技能是学会专注自己的情绪。这让我想到了"冥想情绪工作室"这一名字。有了这个名字，她就能更好地解释如何结合三种治疗模式，以帮助患者专注自己的情绪。

第三位是盖尔·麦克斯韦。盖尔说，通过从客户的角度看问题，他帮助客户建立品牌，然后在组织内无痕传播。他说："除非一个品牌是无痕的，而且所有员工都参与其中，否则这个品牌不太可能得到持续和有效的推广。"顿了一下，盖尔说道："我们应该把我们的项目称为'无痕品牌'。"

盖尔采用了"无痕品牌"这一概念，将其应用于演讲和文章中。他还在写一本同名书。此外，通过定义这一独特创意并将其转化为核心包装，盖尔和他的团队明白了什么是客户真正想要实现的利益，这使他们的工作更加目标明确。

***

有时候，待在"概念龙卷风"中也是可以的。这种情况下，你会一身多任，为个人见解的提升积累不同的概念元素。但是，当达到某个临界点时，你必须采取行动并包装你的大创意。问题是：你达到你的临界点了吗？

第十四章

宇宙出租车：包装意想不到的体验

　　大多数出租车司机都是"企鹅"。他们开同一种出租车，把你从 A 地送到 B 地，连价钱都差不多。他们像极了其他行业的"企鹅"，你根本分不清谁是谁。这些出租车司机都差不多。

　　但是有一天晚上，我遇到了一个出租车司机——他显然不是"企鹅"。我和我妻子金妮要去纽约，就叫了一辆出租车去机场。当坐进出租车时，我们感觉进入了另一个世界。出租车里，上上下下摆满了玩具、奖杯、闪光标志、动作人偶。因为是复活节期间，还有一篮复活节彩蛋和一架杂志，屏幕上播放着宝莱坞的音乐视频。这出乎我们的意料。一开始，我们有点不知所措，出租车司机阿克别尔（Akber）咧嘴笑着欢迎我们，并解释说："这些都是为了好玩，为了点亮你们的生活。我把我的出租车叫作'宇宙出租车'。"

开车去机场的路上，我发现阿克别尔是一个有大创意的人。他不想做出租车行业的平凡"企鹅"。他说："人们喜欢坐我的出租车。对他们来说，这是一种真实的体验。他们从来没有坐过这样的出租车。"

我妻子金妮和我都觉得很棒。一路上，我们和阿克别尔谈笑风生。他说，经常有人专门打电话给他，因为想坐他的出租车。"他们给我打电话，因为想让自己的家人和朋友体验我的出租车。他们还想看看我的车有什么新变化。因为每到节假日，我都会重新装饰一番；复活节、万圣节和圣诞节的风格都不一样。"

阿克别尔每个季度为出租车装饰花费大约 2000 美元，但他说这是值得的。"我能拿到 20% 到 30% 的小费，我把其中一部分用于装饰车子。"

阿克别尔说，其他出租车司机不赞同他的做法。"他们认为我是个疯子。他们不理解我为什么要这么做，为什么要在出租车上花这么多钱。但我喜欢这么做，我的顾客也喜欢，所以我不在乎他们说什么。"

阿克别尔说得对。

坐在他的出租车里，我意识到阿克别尔和他的宇宙出租车体现了我 20 年来一直提倡的大创意精神。凭借一点想象力和娱乐精神，阿克别尔彻底改变了乏味的出租车行业。他给了我们一段永远不会忘记的体验，而且我们会把这件事传播出去。他不满足于因循守旧，所以他赚的小费比那些缺乏想象力的竞争对手多出 2 倍到 3 倍。

***

虽然包装大创意通常和销售新的产品或服务有关，但"宇宙出租车"的故事说明了改变客户体验的重要性：以不同的方式做事。这意味着不仅要满足或超出客户的期望值，还要做一些客户意想不到的事情。

意想不到的事情会创造新体验。这就是旅行如此有趣和令人耳目一新的原因。如果你在一个地方住久了，你就会习惯于周遭的一切。你不再留心当地的商店、汽车和人们。你已经看过很多遍了，没有什么特别的或吸引你注意力的事物。仿佛你的头脑进入了休眠模式。

但是旅行时不一样，你不知道接下来会发生什么，因为你没有去过那里，所以你的头脑是高度灵敏的。旅行中会遇到各种各样的新事物，其中很多是意料之外的，而且很有可能是一次令人愉悦的、心旷神怡的经历。

这就是我们希望客户体会的感觉：头脑清醒、充满好奇、活力四射。当他们处于这种心境时，才更有可能对你感兴趣，并从你这里买东西。你可以通过做其他"企鹅"没有做过的事情来创造这种积极情绪。

例如，金融服务业的大多数"企鹅"所做的事情是完全一致的。他们要求潜在客户填写一份财务调查问卷，然后与客户见面，问一些资金方面的问题，最后他们制订一个投资计划，并提交给潜在客户。如果潜在客户喜欢这个计划，就会成为客户，把钱交给理财顾问。

这是标准流程，但很无聊，因为潜在客户和老客户完全清楚这些环节。他们可能已经和其他顾问"排练"过 2~3 遍了。

理财顾问的工作不一定要这么无聊。我认识一个顾问，他用豪华轿车来接送客户，带他们去做水疗按摩。等客户感到身心放松后，他才和客户讨论理财方面的问题。客户很满意，因为这是一种不同的、有趣的体验。这也是客户喜欢与他合作，而不是和无聊的企鹅式顾问合作的原因之一。

有一位二手车经销商深谙这一理念的重要性。他叫吉姆·吉尔伯特（Jim Gilbert），是加拿大有名的"拥抱"车行的老板。如果你去他的汽车经销店，吉姆或他的销售人员会给你一个拥抱。这让你感到很受欢迎，很特别。他的车行还为孩子们准备了泰迪熊，以及许多其他活动和特殊待遇。一定与你以前的购车体验很不一样。

当吉姆提出"拥抱"这个创意时，汽车业的"企鹅"们都嘲笑他。他们认为他疯了，但其实是他们错了。现在，吉姆的车行——位于新不伦瑞克省弗雷德里克顿的"车轮和交易"（Wheels and Deals）已经是加拿大东部最为成功的二手车经销店之一。他成了家喻户晓的人物，曾多次获得商业奖项。人们都想参观他的车行，并得到拥抱。

我们的郊外别墅附近，有一家非常成功的汉堡店叫韦伯斯（Webbers）。这家店包装了一种体验：你首先要在外面长长的队伍中排队等待。不一会儿店员就会出来与你打招呼，并让你点餐。不多久，你就到达明档区。厨师们伴着摇滚乐唱歌扭腰，看起来很兴奋。他们的热情富有感染力，你也会兴奋起来，开始哼歌。同时，餐食很快就会准备好。接着出现在你面前的是一座美丽的公园，你可以在那里吃你的汉堡和薯条。

对于很多人来说，去韦伯斯是郊外生活体验不可或缺的一部分。这一过程中，有些东西会让人难以忘怀：乐趣、速度、美食。关键是，过程本身和食物一样重要。去韦伯斯真的很有趣。所以，我告诉人们："你最好去韦伯斯看看。那里的体验很不一般。"

那么，你能重新设计体验，从而使你的业务深入人心吗？你如何使你的业务与众不同、充满乐趣且令人难忘？

第十五章

两家餐厅：美观的设计能建立信任

想象一下，你和约会对象准备在小镇上度过一个夜晚。有两家紧挨着的餐厅，你们在考虑选择哪一家。你们可能不知道这两家餐厅都有美味食物，厨师都很好，服务周到，价格也一样。

但是，这两家餐厅有很大的区别。左边那家看起来有点破旧。窗户很脏，室内阴沉，装修色调也杂乱无章。另一家则很漂亮，外墙上有一幅精美绝伦的壁画，壁画两边是两棵高大的盆栽雪松。菜单是专业设计的金色字体和手绘插图。透过窗户，你可以看到室内设计很华丽。桌子、亚麻布装饰、灯光、艺术品和音乐营造出温暖而优雅的氛围。

你会选择哪一家？我猜你会选择第二家。在其他条件相同的情况下，大多数人会选择更加漂亮的那家餐厅。这么做也是合情合理的，但为什么呢？

通过研究，我们得出了这样的结论：大多数人会选择外观更美的选项，因为美观使人产生信任。大多数人会选择漂亮的餐馆，因为逻辑上来讲，这家漂亮的餐馆可能更干净、更安全、更令人愉快，并有更多的美食。另一方面，人们认为丑陋的、破旧的地方更脏乱、更不安全、更不舒适，因此食物也更差。

无论我们如何自欺欺人，都免不了以貌取人，这是一种本能反应。如果我们很忙，需要在两个选项中间做出选择，保险的做法是选择漂亮的那一个。也许并不完全正确，但是在 99% 的情况下，我们会做出这样的决定。

事实上，研究表明，美好的事物确实会更好，而且原因仅仅在于它们的外观。如同马塞尔·达内西（Marcel Danesi）的《品牌》（Brands）一书中讲到的，一家研究公司制造了两台功能完全相同的自动取款机，其中一台有漂亮的界面（赏心悦目的颜色和图形），而另一台的外观朴素单调。观察人们使用这两台机器的情况后，发现漂亮的取款机操作起来容易得多，用户完成交易的速度更快，对功能的困惑也更少。研究人员得出的结论是美观的自动取款机效果更好，因为它的审美吸引力使人在使用时感到更舒适、更自在。换句话说，机器本身的美观使人感觉良好，而良好的心态又使人头脑灵活。

这就是实物包装如此重要的原因所在。如果你的实物包装（如商标、文字标志、信纸、宣传册、网站和办公场所）不雅观，人们可能不信任你，因此让他们购买你的大创意就难上加难。

作家丹尼尔·平克（Daniel Pink）在他的《全新思维》（*A Whole New Mind*）一书中强调了这一点："对各个企业而言，只生产价格合理、功能齐全的产品已远远不够，还要求产品外表美观、款式独特、意义深远，同时还要符合作家弗吉尼亚·波斯特雷（Virginia Postrel）所谓的'审美需要'。"[1] 平克还解释道，在大批人员销售本质相似产品的竞争环境中，美观已经成为重要的差异点。因此，现在的公司对实物包装的投入越来越大。

那么，你如何创建对潜在客户来说，既漂亮又有意义的

---

[1] 丹尼尔·平克，《全新思维》，浙江人民出版社，2013年。
——译者注

实物包装？这关系到规划与整合。

规划与整合：我们使用自己创建的一套名为"设计图"的工具来规划和整合客户所需的所有实物包装——包括当下的和未来的。这些包装包括商标、文字标记、名片、信纸、宣传册、网站、书籍、活页夹，还有其他数百种可能性。一旦选定了元素，我们的设计团队会为每个元素制作平面设计图，这样就能看到它们成品的样子。这种设计图让我们对未来有个清晰的认识，并确保所有的图形元素都是一致的。

在制作和印刷任何内容之前，先用"设计图"测一测预期设计方案对潜在客户、老客户和受众群体的影响。通过测试，我们可以看出所选择的外观是否有意义，是否吸引目标受众。如果不是，可以做一些更改。

我们使用"设计图"来帮助客户避免碎片化设计的陷阱。当你在几个月或几年内多次分散设计时，就会出现这个问题。在此期间，你可能会换掉设计师或者改变品味。结果，得到的就可能是由各种互不匹配的外观、颜色和图像拼凑而成的包装设计，这样显得很不专业。

唤起性设计：同样重要的是，你的实物包装要能唤起潜在客户所期望的感觉。这就是为什么实物包装的图像、颜色和整体布局需要和你的主题和故事所传达的信息相一致，同时起到支持作用。例如，对于我们公司的整体外观，我们使用绿色和大自然的图像。之所以使用这种外观设计，是因为我们想唤起关于成长和冒险的想法。

确定实物包装的正确外观并不是一门精确的科学，但你可以在潜在客户身上测试不同的外观，看看哪一种效果最好。尝试不同的颜色、图像和布局样式，看看哪种组合最能唤起客户期望的感觉。这种"风格指南"一旦建立起来，将使你们公司更引人注目，更有意义，更令人难忘。

信任的重要性：不幸的是，许多企业主不理会或忽视设计，这将给他们带来很大风险。他们认为："酒香不怕巷子深。只要工作做得好，外表无关紧要。人们会识破所有华而不实的设计。"但这种假设是错误的。如果你试图推销你的大创意，建立信任是极其重要的。因为潜在客户看不到你的产品，他们需要确定你的话是否可信。如果你的实物包装不专业、没有吸引力或碎片化，客户就很难相信你的大创意会像你嘴上所说的那般厉害。这样一来，潜在客户将很难接受你的建议，从而大量耗费你的时间、金钱和精力。

另一个需要考虑的要点是：概念性包装在理性层面上影

响客户，而实物包装在情感层面上影响客户。无论你的客户喜欢或厌恶你呈现的实物形象，他们可能都不会用语言表达自己的感受，但会付诸行动。如果看到觉得好看的东西，他们可能会购买；如果觉得不好看，可能就不会买。

因此，你必须通过与专业设计人员合作，对实物包装进行投资。这可由不得你，因为包装对事业的成功至关重要。

第十六章

棉花糖人：包装令人难忘的图标

在电影《捉鬼敢死队》（*Ghostbusters*）的高潮部分，苏美尔神戈泽（Gozer）来到纽约中央公园西区的一座公寓楼顶，告诉捉鬼敢死队接下来他将以何种形式毁灭世界。捉鬼敢死队试图彻底清空自己的思绪，什么也不想。但是丹·艾克罗伊德（Dan Aykroyd）饰演的雷（Ray）却不由得回忆起自己童年时期的棉花糖人。几秒钟后，人们看到一个巨大的棉花糖人带着恶意走向公寓楼。

我喜欢这个场景，因为它说明了营销图标和角色是如何永远留在我们脑海中的，例如："清洁先生"（Mr. Clean）、固特异飞艇（Goodyear Blimp）、"劲量电池兔"（Energizer Bunny）和保德信公司的"直布罗陀岩石"（Prudential's Rock of Gibralter）。这些角色或形象在我们的脑海中代表着企业形象，我们永远不会忘记它们。这些图标成为我们文化景观的一部分，也是我在前文谈到的象征空间的一部分。

为了让你在"企鹅"群中出类拔萃，我建议你创造一个代表你们公司及大创意的角色或形象——我称其为"大图标"。这一概念建立在本书第十一章中讨论的主题模式之上，但现在我们重点讨论设计和实物包装。

我有几样效果很好的角色和图标。我的一本书使用的大图标是"龙虾"。书的封面上有一只龙虾，我还带着龙虾毛绒玩具参加演讲和贸易展，大家还叫我"卖龙虾的"。人们都会记住它。在那本书中，我还创造了"营销能人麦克"（Marketing Mike）的形象。人们对谁是"营销能人麦克"很感兴趣。他也是我们在研讨会上发放的宣传资金"大富翁"（BIG Bucks）的封面人物。

至于本书，我用"企鹅"作为大图标。大家都喜欢企鹅，当人们看到企鹅时，可能会想到我的公司。在很多领域，我们已经拥有了"企鹅"图标的市场所有权。（有人问我：你问过企鹅是否可以用它们作为大图标吗？答案是：没有，因为我不知道该与谁联系。）

我的一些客户使用各种图像来吸引潜在客户的注意力，

使他们的公司更令人难忘。帕特里克·卡罗尔使用大象；斯科特·福特使用土拨鼠；道恩·弗雷尔使用了身穿盔甲的女人形象。使用图标是因为人们记忆事物的方式和以前不一样了。

几乎什么都可以拿来当作图标，比如动物、地理图片、历史人物、建筑类型（如灯塔）等，甚至可以在你的名字上做文章。我所在的城市有一个名叫布拉德·兰姆（Brad Lamb）的公寓房地产经纪人。他在广告牌上，把自己的头像印在一只羊的身上①。这有点怪异，但你永远不会忘记他的名字：布拉德·兰姆。有一位名叫沃尔（Wall）的房地产经纪人用一堵砖墙作为他的大图标②；还有一位叫彻丽（Cherry）的女士用樱桃代表自己的形象③。

我和凤凰城的一位房地产开发商里基·莱昂斯（Ricky Lyons）合作，他把因努伊特石堆（Inuksuk）当作他的大图标。因努伊特石堆是一种巨大的石雕，北方的因纽特人用它

---

① Lamb在英文中的含义为"羊羔"，所以Brad Lamb在广告牌上展示了小羊。——译者注

② Wall在英文中的含义为"墙"，所以Wall先生用砖墙作为他的图标。——译者注

③ Cherry在英文中的含义为"樱桃"，所以Cherry女士用樱桃代表自己。——译者注

来做路标。里基用这一形象来传达他的公司稳定、持久，并为客户指明方向。在他们当地市场，"因努伊特石堆"这一名称直接指代里基的公司"冠军合伙人"（Champion Partners）。

要想出大图标，需要有创造力，但不能凭空想象。图标要有一个背景故事。我在前文中提到过一个来自俄亥俄州的家伙，他用时钟作为大图标。这个图标很有效，因为与他自己的故事有关：你的财务时钟在嘀嗒作响。他能够把时钟与潜在客户或受众客户的财务状况联系起来。

大图标的伟大之处在于它能持久流行，你可以永久使用。肯德基（KFC）用桑德斯上校（Colonel Sanders）作为其标志已有四十年；麦当劳（McDonalds）使用"麦当劳叔叔"（Ronald McDonald）的时间也很长；还有固特异飞艇。我无法想象这些公司会放弃这些图标。

寿命长是大图标的首要原则。使用时间越长，图标的功能就越强大。每当客户看到你的图标，就会联想到你，你的品牌就深深地印在客户的脑海中。

你也可以把大图标嵌入商标和营销材料中。我们的商标是由一个小写的"b"和中间的一颗种子组成的，并在宣传册上用了一棵成熟核桃树的图像。如果有人问起，我们会说：

"客户带着一个大创意的'种子'来找我们，我们帮客户把种子培育成一棵生机勃勃、欣欣向荣的大'树'。"这句话相当有效，因为它很有意义，而且轻松解释了我们公司的业务内容。

仔细选择大图标是非常重要的。你肯定不想使用已经被其他公司用过的图标，即使那家公司不属于你的行业。因为这会让人感到困惑，你还可能会被起诉。还要注意的是，大图标不要过于冷门。你可能故作聪明，使用一些不知名的人物、角色或事件。但问题是，其他人很难与你建立联系。同时也要避免任何陈词滥调的东西，比如体育或军事图片。它们被使用了无数次，已经魅力大减。

大图标是一种行之有效的策略，但用的人寥寥无几。也许他们不知道用什么图标，或者从来没有想过要用。不过，如果现在你还不用的话，就说不过去了。那么，你的大图标是什么？

＊＊＊

希望本节为你提供如何包装大创意的指导，能够使你的大创意真正卓尔不群，成功吸引理想的潜在客户。现在，我们要进入下一节，讨论具体如何推销大创意。

第四部分

推销大创意

PART4

第十七章

磁性营销者：为什么要停止敲门

想象一下这种情况：有人在敲你办公室的门。"您好！我是街对面的卡尔（Karl）。我是一名律师。如果您需要任何法律援助，请给我打电话。这是我的名片。"

卡尔走后，你手里拿着他的名片，心想："这个傻瓜是谁？好律师还需要挨家挨户敲门吗？所以他不会是个好律师。"你轻蔑地把卡尔的名片扔进垃圾桶，再也不去想了。

很愚蠢，对吧？我的意思是，你不会聘用一个上门推销自己的律师。如果他需要那样做，就不可能是好律师。即使你要找律师，也会找厉害的、成功的、抢手的律师，而不是敲你门的失败者。

如果你有这种想法，你就该知道，很显然，敲门会给人留下错误的印象。敲门让你看起来像推销员，一个卖东西的人。这么做不会让你看起来像个成功的、抢手的专家，反而让你看起来像个吸尘器销售员。然而，大多数企业主和专业人士却这么做。为了做生意，他们上门推销。

请注意，我用"敲门"来比喻各种公开的、动态的销售方式，包括电话推销、直邮广告、电子邮件广播、顾客推荐和广告宣传，还包括字面意义上的敲门。

由于以下原因，这些技术不再那么有效。首先，我们讨论过潜在客户躲在推销"掩体"后面的问题。他们厌倦了销售人员敲门推销，所以他们不应答。其次，敲门会给潜在客户留下错误的印象，就像那位律师的情况一样，如果你敲门，潜在客户会认为你的事业已经陷入困境了。只要产生这种想法，客户就会妄下结论，认为你不专业。

最重要的是，挨家挨户敲门的行为让你看起来像极了试图销售产品或服务的销售人员：比如杂志订阅服务或可重复使用的尿布销售员。但那不是你真正的样子，你是个专家，你可以提供渊博的知识、专长和经验。这些才是你真正在销售的东西。但如果你敲客户的门，他们的眼里便没有了专家，只有"销售员"，而这种偏见将使你失去许多优秀的潜在客户。

我们需要认识到，一个人并不能同时扮演"销售人员"和"专家"这两个角色。它们互不兼容，你只能二选一。如果你表现得像销售员，潜在客户将永远不会把你当作专家。

这就是为什么要以一种完全不同的方式推销自己。你需要的是让别人来敲你的门。你要成为吸引人的磁性营销者，而不是命中率不高的销售投手。你要停止使用传统销售技巧，转而使用磁性营销技巧。

磁性营销模式

我教过数百名企业主如何让潜在客户找上门来，其中有财务顾问、咨询师、律师、会计师、建筑师、医疗保健从业者，还有制造商、零售商和餐馆老板。我向他们传授了一些简单但非传统的技巧，这些技巧能强化他们的专家形象，还可以吸引客人。他们向我反馈，这些技巧比推销产品的销售方式省时省力又省钱，关键是效果更好。

为了了解如何进行磁性营销活动，有必要对销售投手和磁性营销者加以比较。

销售投手敲客户的门。他们以产品或服务为中心，直接诉诸理性思维。他们不能实现高销售额，因为没有推倒推销

掩体。

磁性营销者让客户自己来敲门。他们以价值为中心，间接调动潜在客户的情感。他们实现更高的销售额，因为磁性营销吸引潜在客户从掩体后面走出来。

磁性营销者掌握六种能够唤起强烈情感反应的技能：

1. 制造神秘感（好奇）；

2. 包装并提供标新立异的好东西（刺激）；

3. 营造受欢迎（放心）和稀缺（担心）的氛围；

4. 赠送附加价值（欲望）；

5. 提供多种选择（赋权）；

6. 强调"是"或"否"（紧迫性）；

7. 还有第七种，但这是额外红利，我要留到最后再告诉你。

在接下来的章节中，我们将深入探讨这些技巧。

第十八章

制造神秘感：让潜在客户感到好奇

"人们会感到奇怪：为什么要展示一只企鹅？"

这是我在亚特兰大的一次金融服务会议上想到的。我在那里有个展位，展示的策略是神秘营销。我的展位上方有一条横幅，上面画着一只巨大的企鹅，旁边写着"你有企鹅问题吗？"

当人们经过我的展位时，看到横幅上的企鹅的图片会觉得莫名其妙。好奇心驱使他们走过来问："什么是企鹅问题？"这让我有机会讲述我的故事：市场上的大多数财务顾问看起来一模一样，就像一群企鹅——他们需要包装自己的大创意，才能崭露头角。

这个策略很有效，因为它能为我的展位招揽客人。人们没想到能在金融服务贸易展上看到一只大企鹅，它吸引着人们的目光。这种神秘感让人感到好奇。他们很想弄清楚企鹅是怎么回事，个中缘由是什么。

这种利用神秘感的营销策略奏效了，因为我在潜在客户的大脑中植入了企鹅"钩子"。展会结束后，我给他们打电话问："还记得我吗？我是企鹅先生。"他们回答说："哦，是的。我记得那个企鹅先生。"最重要的是，他们还记得我的故事，以及为什么要通过包装大创意来解决企鹅问题。

围绕企鹅构建的这一神秘感营销主题是可以扩展的，我将勾起人好奇的企鹅"钩子"应用于音频光盘、网络讲座、文章和演讲，还有这本书。

为什么大多数促销活动不起作用？据我所知，不外乎以下原因：

1. 没有断开联系：沟通专家可能教过你如何通过清晰的言语和眼神交流，与听众建立联系。这很重要。但在营销活动中，你必须从断开联系开始，否则无法引起别人的注意。如果你的信息过于直白，你就不能独树一帜，也就无法吸引潜在客户。你的商标、广告或海报会与周围环境融为一体，难以分辨。但是，当人们看到一些不相干的东西时，比如金融贸易展上的一只巨大企鹅，他们的大脑会试图将这两个截然不同的概念关联起来。

2. 没有神秘感：大多数人倾向于清楚地表达想要交流的内容。例如："我们是一家电脑公司。我们生产的电脑最好，有各种各样强大的功能。"这些信息很有帮助，但不会给人留下任何想象空间，没有什么值得好奇的。对方听完后将继续去做别的事。但是，如果你设置一个谜团，比如"你有企鹅问题吗？"对方就会好奇，想解开疑惑。紧接着他们走过来问："这是什么意思？为什么你们会在金融服务贸易展上展示一只大企鹅？"这些问题会引导客户走进你的世界。

3. 没有背景故事：大多数人会解释产品或服务的功能和好处。但是他们不讲故事，只是背诵一堆事实和数字。这种促销活动不会给潜在客户留下长久的印象，客户只会把你的话当耳边风。如果促销活动传达一个脉络清晰的有趣故事，再加上一个忠告或寓意，就会给潜在客户留下深刻印象。他们会记得你和你的故事，并接受你的忠告。

4. 没有行动呼吁：大多数促销活动不会将故事与下一步行动联系起来。因为没有"行动呼吁"，潜在客户接收信息后不知道该怎么做。进而使得整个促销活动不了了之，而且浪费时间和金钱——毕竟，你的目的只是获得潜在客户。所以说，清楚地说明下一步行动很重要。针对这个问题，我们会免费提供九十分钟的入门课程："大创意全装备"。

你需要想出一些有神秘感的好点子，因为它更有效。制定营销策略，不光需要创造力和时间，还要有一马当先的勇气，做一些不同寻常的、很多人不敢去做的事。

第十九章

新事物：让潜在客户感到兴奋

如果你从这本书中只学习一样营销技巧，那就去了解"新"的概念。如果你想赚更多的钱并发展你的事业，那就需要为你的潜在客户和老客户不断地想出新创意。你需要成为"新"事物的营销者。

大多数营销活动以失败告终，是因为它们的基本理念是陈旧的、通用的，或者与市场上其他产品或服务没有显著区别。你可以拥有惊艳的网站和漂亮的宣传册，但如果基本理念和信息不够新，就无法得到广泛关注，也不会让潜在客户感到兴奋。

这就是为什么我围绕"大创意"的理念制定我的教练项目。每一种营销策略都必须经过本书中心思想的评判：是新的吗？是更好的吗？是不一样的吗？是大创意吗？如果不是，那么你必须想出一个大创意。否则，你可能会浪费大量时间、金钱和精力。

还需要记住的是"新创意"终究会变成"旧观念"。我记得在 1985 年的时候，"财务规划"是个大创意，人们对这个新概念感到兴奋。但那是二十多年前的事了。如今，财务规划这一概念已经过时，再也没有人对它感兴趣了。虽然它仍然有用，但不再令人兴奋。传真机、电子邮件、减肥计划、投资基金、全景式度假村、自动取款机和"自己动手"（DIY，do-it-myself）等，都是如此。当时，这些都是正儿八经的大创意，现在变成了明日黄花。

不管你喜欢与否，你都必须不断地改变自己。听起来工作量很大，但实际上，这是你心灵的指引。你可能想依靠唯一的、不变的创意永久销售下去，但那样会很无聊，也无助于你的成长。因此我认为，为你的业务不断提出新的大创意对你的心理健康很重要。它不仅让你的客户高兴，也让你高兴，还可以像磁铁一样吸引更多的潜在客户。

下面我用几个例子来说明这一情况。

开放式方法：杰伊·米勒（Jay Miller）是一位成功的声音教练。他曾与数百名商界人士、演员和演讲者合作。当我与杰伊见面时，他已经很有名气了，但他想要更加成功。他觉得自己可以为客户提供更多的帮助，还担心标榜自己为声音教练的人会越来越多。

在分析完杰伊的业务和客户需求，并讨论了他作为专业人士的抱负之后，我们得出了更高层次的峰值效益：不仅仅在声音方面帮助客户，还通过三种方式——开放声音、开放身体和开放思想——让客户成为更加开放的人。我们把这一"美食套餐"包装为"开放式方法"。杰伊很兴奋，因为这一概念更新更好又特殊。这也引起了他潜在客户的注意，因为这对他们来说是新名词。

开放式方法对杰伊来说很管用，因为这给了他思考的空间。杰伊可以思考如何更好地开发人们的声音、身体和思想。这一套智力之旅将使他的头脑在未来几年内保持活力、创造力和参与度，而他个人兴致勃勃地参与也会感染潜在客户和老客户。这是很重要的一点。一般来说，你想出的旧创意已经走完了思考历程，你对这一主题的了解达到了99%。当然，还有东西需要了解，但那额外的1%不会让你欢呼雀跃。但是，新的大创意包含很多创新和智力探索的新途径，让你的头脑保持敏锐和活跃。

三级项目：让·吕克·拉韦涅（Jean-Luc Lavergne）是拉韦涅实业（Lavergne Industries）的总裁兼创始人。他的公司为模塑商和原始设备制造商（OEM）提供用于制造打印机墨盒等塑料产品的树脂和化合物。这些树脂和化合物是由回收材料制成的。当我们与让·吕克初次交谈时，他正在寻找大创意，以期待从竞争中脱颖而出，刺激潜在客户。他还想提高公司在客户心目中的地位——从销售树脂升级为提供专家咨询和服务。

我们和他的团队一起想出了一个大创意，叫作"三级项目"。这是一个咨询和认证过程，帮助原始设备制造商开发更环保的制造流程。当客户通过整个流程时，他们将获得一级认证、二级认证和三级认证。他们可以将这一类似于ISO 9000的认证，当作其营销内容之一。

让·吕克和他的销售团队很高兴，因为这个概念是新的、好的、不一样的。他的竞争对手在谈论树脂，而让·吕克在谈论彻底的转型。这并不是说让·吕克不想再卖树脂，他只是意识到树脂是旧创意，而三级项目是一个能吸引潜在客户的新创意。

不要"杀死"你的合作伙伴：里克·鲍曼（Rick Bauman）

做了二十多年的培训教练，主要为保险经纪人及其团队提供服务。里克正在寻找新的大创意，将事业提升到更高的水平，并将他的公司定位为市场上独一无二的公司。他想出了一个方案："不要杀死你的合作伙伴"。

里克说，许多商业伙伴处于关系失调状态：彼此没有共同愿景，没有以正确的角色去合作，也没有以有意义的方式沟通。结果，他们的组织陷入困境，因为合作伙伴之间在"自相残杀"。

为了克服这些问题，里克创建了一个项目，通过与他们公司的培训教练进行有意义的对话，帮助商业伙伴解决问题。这有助于合作伙伴间形成共同愿景，担当正确角色，并建立联合团队。

这个大创意使里克很是激动，因为市场上没有类似的东西。它结合了里克多年的经验，让他的工作充满刺激。它也吸引了许多商人的注意力，因为他们真的不想"杀死"自己的合作伙伴。

正如你所看到的，新的大创意对大家都有好处。它让你再次对自己的业务感到兴奋，并能引起潜在客户的关注。它带给你新的、有利可图的产品或服务，也使你不同于行业中那些可怜的"企鹅"。

因此，不要再固守你的旧创意，想出一个新的大创意吧。

第二十章

受欢迎和稀缺：让潜在客户既放心又担心

有两样东西是人们最想要的。一是其他人都想要的东西（受欢迎）；二是自己可能得不到的东西（稀缺）。

人们喜欢流行的东西，仅仅是因为它很受欢迎。他们不想错过机会，不想格格不入。他们想成为小圈子内的一员，这让他们感到安全。

其次，人们还想要可能无法得到的东西。如果有什么东西快要消失，人们会感到恐惧，想要抓紧留存，即使不确定自己是否真的需要。先拿到手，以后再考虑细节问题，这样做更安全。

如果你想成为一名成功的营销人员，必须牢记这两个概念：受欢迎和稀缺。你需要让你的潜在客户和老客户感到既放心又担心。

在我的一本书中，我讲了关于排队的故事：开一家新餐厅时，我们想办法让它看起来既有人气又稀缺。我们通过赠送免费的食物和饮料来招徕客人（人气），又在前台处让人排队（稀缺）。果不其然，人们陆陆续续排起了队，因为他们觉得购买受欢迎的东西更让人放心，同时也担心自己可能买不到。

听起来像是在操纵顾客，事实也的确如此，但我并不觉得这有什么不好。我需要对客户采取措施，不然餐厅会倒闭。我们不能坐以待毙，所以要营造一种受欢迎和稀缺的氛围。如果不想破产，你也需要这么做。

这些技巧还会让潜在客户产生次级信任感和紧迫感。如果某样东西看起来很受欢迎，那么人们会更加信任它。毕竟，受欢迎的东西肯定很好。再则，如果某样东西看起来很稀缺，有卖光的风险，那么潜在客户就会觉得有必要及时做决定。

安全感与担忧相伴而行。对于人类而言，比起风险和机遇，追求安全感与解决担忧更重要。安全感与恐惧的本能可能起源于我们的祖先从事狩猎和采集活动。原始人类若想生存下去，明智的做法是让自己的耳目时刻保持清明，并且视生命安全高于一切。如果冒险捕捉一头超大水牛，结果往往以泪水告终，而不是胜利。

因此，我们大多数人都有追求安全和解决担忧的意识。这意味着选择人气高的东西会让人更加放心，而对于可能很快就会耗尽的东西，要尽力争取。

基于这些原因，你必须使你的大创意一开始就显得既受欢迎又稀缺。你必须让潜在客户看到很多人在使用你的大创意，也必须让他们意识到供应有限，很可能会很快卖完。

这就是刚开始时，我把我的"大创意历险"项目免费提供给二十个客户的原因。我想给人一种这个项目很受欢迎的印象：目前已经有很多喜欢这个项目的会员了。这种受欢迎的氛围起了作用，自那时起，已有数百人参加了这个项目。但如果我没有提前采取措施的话，这个项目可能早就夭折了。

我也很谨慎地在时间方面创造了稀缺感。我只有在有限的时间段内进行辅导，也不直接接听客户和潜在客户的电话。他们必须提前预约，才能与我交谈。通过设立访问门槛，我成功创造了稀缺感，使人们更期待与我见面。

这就是我并不推崇一些老板承诺的全天候服务的原因。

他们说："您可以随时联系我们。我们会全天候接听您的电话。"好吧，我不知道你是怎么想的，我可不想过着这样的生活。但关键是，全天候访问可能会让你的产品或服务显得唾手可得。这样一来，你的客户可能不会重视或尊重你的时间。（有些企业的确需要提供全天候服务。但对于其他企业来说，这反而有损形象。）

***

你要确保做到这两件事。为你的产品或服务创造受欢迎的印象：将其免费送给少数客户，以便其他人看到它被使用。其次，不要自降身价，不要让你的产品或服务太容易获得：限制访问，让你的客户担心能否约到你，你的产品和服务是否供不应求。如果你这样做，人们会更加支持你，更想购买你的产品或服务。

受欢迎与稀缺、安全感与担忧、信任感与紧迫感，这些情感触发因素是磁性营销者的常用法宝。

第二十一章

赠送价值策略：让潜在客户走出掩体

现在，把你的大创意想象成一盒巧克力。

如果你是一名销售投手，你会举起盒子，向潜在客户介绍里面的巧克力：这是来自比利时的美味黑巧克力。你还会让一些吃过这种巧克力的人做推荐，让那些人说："这些巧克力很好吃。"用这种方法，你可以实现一定的销售额，但要消耗大量的精力和时间。

如果你是一位磁性营销者，你的做法会有所不同。你只需打开盒子，给每人一块巧克力。很快，一大群人会围过来，他们都想吃免费的巧克力。品尝过巧克力的人有很大可能想买一整盒巧克力，就是这么简单。

这就是为什么我建议你主动赠送你大创意的一部分——不是全部，只是其中一部分。不用滔滔不绝地讲，只要给免费的样品就行。向人们展示你的大创意有多棒，让他们亲身体验。这会在潜在客户的心中唤起强烈的渴望。

有些人很难接受甚至反感赠送的做法。他们说："那要花很多钱。"却忘记了自己在毫无效果的销售技巧上花了多少钱。他们还说："人们会占我的便宜。"却不想慷慨赠送会吸引更多潜在客户。

重要的是，你赠送的价值是你已经做过或创造过的东西。你已经做过巧克力，再多做一些当赠品即可。你已经有了很多想法和策略，只需免费提供其中一部分。尝到甜头后，人们会想要更多。

我最近遇到一个人，他说他永远不会赠送任何东西。他说，只有客户花钱雇用他，他才会给客户提供想法和建议。我一直不知道他的想法和建议是否很好，因为他从未给过我任何建议。结果，我也没有买过他卖的任何东西，因为我没有购买欲望。

吝啬、小气、抠门、多疑、保守，这些是销售投手的特点。你知道这种人做不好生意，所以不要成为这样的人，要慷慨，要开放，为回报舍得投入。这样，你会遇到更多的潜在客户，卖出更多的东西。

这并不是说你应该无尽地慷慨付出。你要对赠送价值设置一个明确的终结点。这是关键：你要把赠送价值累积起来，直到达到终结点。这时，潜在客户必须做出"是或否"的选择（后面有详细介绍）。

我们就是这样做的。我们提供名为"大创意全装备"的九十分钟免费辅导课程。这就是我们赠送的价值。我们帮助人们想出大创意，包装电梯演讲，并制定新的营销策略——所有这些都是免费的。该课程非常有价值。其他公司可能会为这项服务收取 5000 美元，但我们免费提供，因为它能吸引很多潜在客户。然而，我们并不是为所有人免费服务，而是仔细挑选对象。最重要的是，当课程结束时，潜在客户必须明确做出"是或否"的决定，没有"也许"。在我看来，"也许"就是否定。如果潜在客户说"不"，我们就停止服务；如果说"是"，服务将继续下去——纯粹且简单（详见第二十三章）。

大多数销售投手的做法却不一样。他们在客户购买之前，不会提供任何价值，所以销售过程往往会拖得很长，直到潜在客户相信产品值得购买。这种情况对反对赠送策略的人来说，具有讽刺意味。因为他们实际上免费提供了更多的价值，而且持续时间很长。

我称为"懒惰销售"。之所以说懒惰，是因为他们没有花时间和精力来包装他们的生意或者免费提供价值。销售过程中不力争，不谋求的做法也是一种懒惰。他们的做法推迟了成交时刻的到来。

做项目时，我们要求客户用信用卡预先付款。这在我们的行业中前所未闻。其他营销人员不相信有人会为我们提供的服务预付费用。然而，在过去的十年中，我们与数百家客户做交易，收到六千多笔预付款项。我们之所以能成功，是因为我们包装了大创意，并免费提供了价值巨大的服务。这反过来表明我们的工作是极具价值的，所以潜在客户才愿意预先付款。

同样，我们也教会我们的客户在营销过程中赠送有价值的服务给他们的客户。我们的一些客户提供九十分钟辅导课程，另一些客户提供软件或书籍，甚至有人提供温泉疗养服务。他们选择这么做是因为这个方法既简单又有效，还能吸引更多的潜在客户。

此外，赠送的价值会让你别具一格。你所在行业的大多数"企鹅"都是销售投手。他们永远不会预先赠送任何有价值的服务，只会不停地上门推销商品。因此，如果你赠送价值，你很快就会脱颖而出。因为在潜在客户眼中，你将不再是一只"企鹅"。

那么，你可以赠送什么有价值的东西呢？

第二十二章

购买硬地滚球：为什么三个比一个好

出于某种莫名的原因，有一天早上，我醒来后非常想玩硬地滚球，于是决定购买。我估计一个硬地滚球大约要花费30美元。我想：毕竟只是个球而已，能花多少钱呢？

我在商店里看到了三种硬地滚球：30美元的儿童球、60美元的成人包和120美元的比赛套装。我没想到硬地滚球也有不同种类，就这样，商家给了我选择权。考虑片刻后，我挑选了60美元的成人包。

回到家后，我告诉妻子我买到了硬地滚球（你能想象她有多激动）。我说很划算，只花了60美元。"但你本来只打算花30美元的。"她说，"这算哪门子的划算？"我回答说，其实我并不知道硬地滚球的价格，而且不管怎样，我没有买120美元的球。她并不买账，但我认为我的逻辑是合理的，我相信自己是个精明的消费者。

这就是"三个盒子"原理，我在我的另一本书中也做过解释。当你给潜在客户三种选择时，大多数人会选择中间的选项——通常被称为常规选项，或者最受欢迎的选项。这不仅帮助你向潜在客户推销更贵的套餐，还让客户感到自己有选择权。将你的大创意包装成三个盒子，你就能卖得更多，做得更大。由于是附加的价值，所以没有人会抱怨要价过高。

典型的"企鹅"只提供一种选择，人们只能明确做出是或否的决定。但大多数人会选否，因为这是更安全的决定。但如果提供三种选择，人们可以拒绝其中两个，接受最受欢迎的中间选项。

通过赋予他人选择权，你可以为自己减压，将问题焦点转移到潜在客户身上。与其认为你收费太高或试图讨价还价，不如让客户决定自己是什么样的人：基本型、常规型还是超级型？他们需要决定自己想树立的自我形象。这一切都由客户来决定。

在大多数情况下，我会给予如下建议。将你现有的企鹅式"快餐"当作基本选项，并将你的"美食"大创意作为中间的常规选项，再创建一个超级美食套餐选项，把你的大创意提升到更高甚至高到荒谬的水平。记住，不要奢望有人买你的超级选项。如果真有人买了，那就是额外的奖励。因为超级选项的作用其实是把人们引向中间选项——你的大创意。

我喜欢这个策略，因为它帮助人们把钱花在刀刃上，而不是捡芝麻丢西瓜。我们通常认为人们会尽可能少花钱。但如果真的是这样，大家都会开最廉价的车，穿最便宜的衣服。

我们也害怕提价，因为担心销量减少。如果只有一种选择，而且价格涨得太高，倒是真会这样。但"三个盒子"是一种不同的策略，我们给客户一种便宜的选择，还有两种较贵的选择。这样客户就不会总是选择最便宜的。事实上，在60%的情况下，客户会选择中间选项。

"三个盒子"战略之所以有效，有两个原因。首先，你能赚更多的钱。但其次更重要的是，客户支付的钱越多，享受的服务也越多。你可以花更多的时间与客户在一起，提供更多更好的资源，所有这些都将帮助客户获得他们真正想要的结果。

　　所以，不要只卖一种盒子，卖三种盒子吧——让大家都受益。

第二十三章

不要再说"也许"：创造紧迫感

你是否厌倦了生活在"也许世界"里？潜在客户跟你说，他或她"可能"会购买你的商品，只是需要考虑一下。你知道结果。99% 的情况下，他们再也不会回头。他们说的"也许"实际上等于"不"，只是他们太客气了，不愿意直接拒绝。

这就是为什么我坚持潜在客户在听完我的第一节课后，给出一个明确的答复：是或否。我对"也许"不感兴趣。如果客户说"也许"，那对我来说，就等于听到了"不"。我会离开，因为我对随身携带"一袋希望"不感兴趣。那是一个装满了潜在客户"也许"的袋子，你希望有一天"也许"会变成"是"。我看到很多生活在"也许"世界里的"企鹅"怀揣"希望之袋"四处游荡。他们不积极营销，期盼着那一袋"也许"变成销量，可是未能如愿。他们只是在自欺欺人。

我不留给自己"也许"的奢望。我要求的回答是"是"或"不"。如果我听到"可能"，我会离开，并且加大营销力度。我会去寻找更多新的潜在客户，寻找更多的肯定回答。我并不介意客户拒绝我，至少那是明确和诚实的。我觉得"也许"真的很烦人，令人难以忍受。我建议你也这样处理。

还有另一个类比可供参考：红绿灯。我一直在寻找绿灯：那些完全认同我做法的人。我也在警惕红灯信号。一旦发现红灯要亮，我会马上离开，不会在红灯上多浪费哪怕一秒钟。对于黄灯也是如此，依我看，黄灯也是红色的。

太多的"企鹅"成天在红灯前排队，非常卖力地说服潜在客户购买他们的商品。潜在客户越是抗拒，他们就越想克服这种阻力。同时，他们忽视所有的绿灯。这就是大多数"企鹅"卖不动产品的原因。

不要做一只在红灯前傻等的"企鹅"，暂停并寻找下一个出口吧。在赠送额外价值的服务之前，要求你的潜在客户在活动结束时，给予明确答复。如果客户不做承诺，那就不用赠送。

这种策略很有效，因为它会营造出一种紧迫感。如果潜在客户知道必须做出决定，他们会更加聚精会神。你的催促让潜在客户有了紧迫感。机不可失，时不再来，火车即将离站，现在必须决定上车还是留在站台上。

你需要鼓起勇气，才能走出"也许世界"，卸下你的"希望之袋"。放弃希望的虚假慰藉，换来成功或失败的确定性——这听着很吓人。

但你很快会意识到，与"也许世界"相比，"是否世界"是个更幸福、更繁荣的地方。你不再困在情绪过山车上，而是感到更加踏实和充满力量。你能掌控这一切。

这就是包装大创意的价值所在。包装得越好，潜在客户就越容易对你推销的产品说"是"。他们没有理由说"也许"，因为他们还并不确定自己将要买的是什么。

想象一下，如果大家都擅长在每一笔交易中要求或给予明确的是、否答复，这将对我们的经济和社会产生什么样的影响？事实上，我们的经济和社会生活中将会充斥着各种各样的"也许"。

人生苦短，不要浑浑噩噩地活在"也许世界"里。卸下你的"希望之袋"，捡起"现金之袋"。

第二十四章

善意之路：遵守道德义务

有道是，通往地狱的道路是由善意铺就的。我不这么认为。依我看，善意是我们在当今经济社会取得成功所需的最重要的东西。这也是磁性营销者的原始动机。

你可能认为我建议的一些技巧有失公允。例如，有人认为排队策略涉及道德问题。我明白这一点，但我认为最重要的考虑因素是：你的本意是什么？你真心想帮助别人吗？还是只想卖东西，不管人们是否需要？我们确实看到了一些意图不良的公司造成的混乱。我们发现通往毁灭之路（有时是进监狱之路）实际上是由恶意铺就的。

所以要明确自己的意图，探问自己的内心，寻找自己的灵魂。你的意图是好是坏？

这听起来有点夸张，但非常重要。我们生活的世界越来越公开透明。个人和公司从事不良商业行为，还能逍遥法外的可能性越来越小。各种消息在互联网上迅速传播。人们说，你需要用一辈子来建立好名声，但身败名裂可能只在一夜之间。人一旦失去声誉，就很难再重建。

我称之为"道德义务"。我们必须恪守职业道德。否则，成功将难以实现，就算实现了，也是不可持续的。

这就是我认为这些磁性营销技巧很重要的原因。虽然技巧可能有点不合常规，但如果是用于正当事业，那就没有什么问题了。在这种情况下，目的证明了手段的合理性。

我认为快乐也很重要。现在的大多数"企鹅"都太严肃了。严肃的举止会扼杀我们的创造力，让我们变成讨人嫌的家伙。正襟危坐并不能拉近我们与他人的关系，也不能让我们敞开心扉接受新的可能性。风趣比严肃更好。当你和客户相处得愉快时，他们会更有创造力，思想更开放。同时事情也更容易搞定，成功就会到来。

所以，一定要心怀善意，并且与人愉快相处。

第五部分

一定会有出路

PART5

第二十五章

大创意历险：向你的"企鹅"朋友说再见

在《指环王》（*Lord of The Rings*）中，巫师甘道夫（Gandalf）交给了弗罗多（Frodo）一项艰巨的任务。他必须离开他的故乡夏尔，前往魔多（Mordor），把魔戒扔进末日火山的大火中。作为一个霍比特人，弗罗多并不想这么做，他宁愿待在霍比屯，过宁静祥和的日子。但他知道如果不去历险，他和他所爱的人都将面临严峻的危险。

说到大创意，我们许多人都像弗罗多一样，是个不情不愿的英雄。我们有梦想，但我们害怕改变。维持现状即使无聊且没有成就感，也算是舒适惬意。大创意既令人兴奋又令人恐惧，就像前往末日火山的旅程。

我相信恐惧感是一种信息，它传达的意思是：你的大创意对你来说是必要的历险。如果不恐惧，那还叫什么历险？

让我再说一遍：如果你对自己的大创意感到恐惧，那是一件好事。这意味着等待你的是奇遇。如果没有感觉到任何恐惧，那要么你的创意是错误的，要么它不够"大"。

例如，我不怕把自己想象为一名在音乐会上演奏的钢琴家。因为我不知道怎么弹钢琴，而且对钢琴不感兴趣。但是我害怕写小说，因为这是我也许能做到且梦寐以求的事情。我的恐惧传达了一个信息，即有一天我应该写一本小说。

所以，将恐惧视为你的良师益友。让恐惧心理传授你一些事情，但具体内容还是取决于你。

我想不出还有谁比不敢直面恐惧的人更可悲的了。他们从不倾听生活对他们的召唤。最终一生都活在恐惧中，从不成长，也发现不了自身才能。

我相信人类有一种创造性冲动，这种冲动贯穿着我们的生命历程。事实上，我相信宇宙中的每一种生物都有这种冲动。这就是生命的真谛，也是宇宙的本质所在。我们注定要不断变化和成长。生活不是为了贪恋安全感而停留在同一个地方，一遍又一遍地重复同样的事情。我们不应该像企鹅那样在寒冷中挤作一团，年复一年地待在同一个地方。

我遇到过许多从不冒险的人，他们更喜欢做白日梦，而不是实现梦想。很多来我们公司的人提出过绝妙创意。我们为他们感到非常高兴，并开始计划如何实现这些目标。但后来发生的事情很奇怪。他们会变得很不自在，有时生气或焦虑，有时感到沮丧。之所以这样，是因为他们并不想为自己的大创意而努力，他们只是喜欢思考。他们担心为理想而奋斗会面临重重困难，甚至会失败——那样的话，他们就无法再做白日梦了。

执着于幻想是可以理解的，但也是可悲的。尤金·奥尼尔（Eugene O'Neill）有一部伟大的戏剧叫《送冰的人来了》（*The Iceman Cometh*）。故事发生在由店主哈里·霍普（Harry Hope）经营的一家破旧的酒吧和旅馆里。大部分角色都是酗酒者。他们每天夸夸其谈，聊自己将来会做的美好之事。他们从空想中得到慰藉，但无意为之努力。他们害怕如若不成功，所有的希望将化为泡影。

我每天都会遇到一些"空想家"。他们对自己的白日梦日渐生情，倍感珍惜，以至于害怕受到实际行动的搅扰。他们宁愿做梦，也不愿面对现实。

我会从那些说想自己写书的人身上，看到这种空想。我认识许多一直在谈论要写书的人，但他们从不真正坐下来写作。他们怀揣写书梦，但不愿意开始写作。

我说，世界上有两种作家：写书的作家和谈论写书的作家。梦想也是如此，有人谈论梦想，有人致力于实现梦想。

许多人觉得自己被困于现实处境中。他们说："我想在我的大创意上下功夫，但我总是找不到时间。我每天忙于眼前的事务，没有精力去实现我的大创意。"借口不胜枚举。我说，如果人们把找借口的劲儿投入到实现大创意上，什么事都难不倒他们。

关于大创意的另一个借口是不知道如何实现目标：我想制作一部电影，但我不知道从何下手；我想驾驶游艇，但我不会；我想经营一家提供住宿和早餐的酒店，但我不知道怎么做。有些人认为，在开始做某件事之前，必须对它了如指掌。

这种想法是愚蠢的。当肯尼迪（Kennedy）总统发表他们决定在 20 世纪 60 年代末登月的著名演讲时，人类并不知道如何登月。他们设定了目标，然后想出了办法。我在 1995 年写我的第一本书时，也不知道如何写书。我只是定下了目标，边写边琢磨。

未知的路是历险的一部分，也是它的有趣之处。拥抱未知是历险的全部意义，也是它的乐趣所在。

对于实现一个大创意来说，最大的障碍可能是来自其他"企鹅"的消极态度。他们畏畏缩缩，会想方设法阻止你离开族群。他们不希望你成功，怕自己相形见绌。他们想让你一直在哈里·霍普的烤肉酒吧喝酒。

我记得多年前，我有过创办杂志的想法。那时我很年轻，有抱负，尽管不知道如何创办杂志，但我真的很想这样做。有一天，我把我的想法告诉了一个邻居，但他的反应非常消极："这绝对不会成功，"他说，"杂志已经太多了。"离开时，我感到泄气又沮丧。我本想放弃这个想法，但我妈妈救了我。她说："别听他的。他这一生从未追求过任何梦想，也不想看到任何人实现自己的梦想。这会让他觉得自己很没用。"

我妈妈说得完全正确。当你有一个大创意时，会有很多"企鹅"试图浇灭你的热情。这就是为什么在大创意问题上，谨慎交友如此重要。不必向所有人都倾诉你的梦想。明智而清醒的忠告没有什么错，但你需要与那些帮助你实现远大理想，而不是故意搞破坏的人交谈。

我们公司有一条关于大创意的原则：必须给予创意萌芽

生存的机会。很多大创意在还很稚嫩的时候就被扼杀了。有人想出一个创意后，马上会有其他人提出一打理由，认为他办不到。因此，我们设立了一个分为三个阶段的"大创意孵化器"。当有人想出大创意时，我们就把它放在"孵化器"里。在第一阶段，只允许积极地谈论创意本身：会是什么样子？感觉如何？实现了会怎样？有什么好处？一旦热情开始倾注到这个创意里，我们就进入第二阶段。在这个阶段，我们只谈论如何实现目标：用哪些资源和策略？谁来做什么？任何人都不得发表批评意见或谈论过程中的障碍。只有在第三阶段，我们才允许讨论可能需要克服的各种问题。

这并不意味着每个大创意都是好的。有些创意在"婴儿"阶段看起来很可爱，就像孵化器里的小鸡，长大后却变成一只其貌不扬的土鸡。但这就是问题的关键。我们不知道哪个大创意是好的，所以必须在一定程度上不加分辨地培养。有时，一个坏主意也会带来一个好点子。

关键是要为大创意营造环境，而不是被其他"企鹅"伙伴的黑暗"失败主义"所迷惑。接受这样一个事实：你的大多数朋友靠着"羽毛"保护，永远不会离开他们舒适的"冰流"。对他们来说，"送冰的人"^① 已经来了。但你必须决定留在原地，还是追随梦想。

离开你的伙伴们并不容易，他们是你的朋友。但是若想获得幸福，你必须超群脱俗。其他"企鹅"看到你离开也许会难过，但他们早晚会好起来的。

---

① 见本章前段提到的尤金·奥尼尔所著戏剧《送冰的人来了》。——译者注

第二十六章

新工厂：向大创意过渡

把你现有的业务想象成你的老工厂。多年前，你有了创办这家工厂的大创意。你建造了大楼，安装了机器，并召集了员工。日复一日，你磨炼和完善了公司的业务能力，创造了一家赢利的公司。现在，作为成熟的企业，工厂大把赚钱，为你提供了舒适的生活。你为自己曾经取得的成就感到骄傲，但现在你遇到了一些问题。

首先，你厌倦了原来的业务，觉得它已经毫无新意。虽然你的技能和兴趣发生了变化，但你的业务并没有改变。老工厂的结构符合你的旧技能和旧兴趣，而不适应新技能和新兴趣。所以你觉得自己被困住了，你花数年时间创办的企业变成了阻止你自我实现的桎梏。

当你想出了新的大创意时，这种感觉更加强烈，因为你想做新的、好的、不一样的事情。你内心渴望和眼前现实之间的鸿沟让你感到沮丧。用亨利·大卫·梭罗（Henry David Thoreau）的话来说，也许你正"过着平静的绝望生活"，也许你担心你"心中的歌和你一起埋入坟墓"。[①]

许多陷入这种困境的人想重组他们的老工厂。他们开始改变经营模式，增加新机器和部件，招聘和解雇员工。但这根本不起作用，事实上，这让事情变得更糟，因为现在这棵"摇钱树"摇不到钱了。于是，你又恢复了老工厂模式，再次沉湎于平静的绝望之中。

但我们不一定要这样。你可以在创建"新工厂"的同时，继续经营"老工厂"。让"老工厂"生锈的部件继续运转，同时，你也可以在街对面从头开始建造一座"新工厂"，那里的一切都是崭新的。

一开始，你可能每周只有几小时可以花在"新工厂"上。没关系，至少你在努力实现你的梦想。为了支付账单并

---

① 梭罗《瓦尔登湖》（*Walden*）里的一句名言："大多数人过着平静的绝望生活，他们心中的歌和他们一起埋入坟墓。"（The mass of men lead lives of quiet desperation and go to the grave with the song still in them.）——译者注

保障现金流，你仍然可以把大部分时间花在"老工厂"上。但现在你不会介意为无聊的"老工厂"劳心了，因为你知道它不会永远存续。

我第一次用这个方法时正在一家企业公关公司工作。我不喜欢在那里工作，我梦想着拥有自己的企业，但我必须支付我的账单，所以不能直接辞掉工作。于是，在晚上和周末，我努力建造我的"新工厂"。我开始在我的公寓里做生意，并获得了第一批客户。六个月后，我的"新工厂"开张运营，然后我向旧公司递交了辞呈。在我全职投入的第一天，我的新业务早已开始赢利了。

我也以这种方法开始了我的培训项目。大约十年前，我们是营销"施工者"，还在采用宣传册和网站等营销工具。但我想成为一名营销架构师，帮助人们开发大创意。

我们在继续经营"老工厂"的同时，建造了"新工厂"，启动了新业务。我首先向现有客户提供了关于大创意的三小时免费课程。有二十五名客户同意让我带他们体验我的新方法。通过这次经历，我完善了整体流程，并认识到我可以开始收费了。渐渐地，我为新项目——"大创意历险"——花的时间越来越多，在"老工厂"花的时间越来越少。迄今为止，已有一千多名企业家参与了这个项目，"新工厂"逐渐成为我们的主营业务。

关键是要记住，"新工厂"里面不要有"老工厂"的任何东西。你要一切从零开始，构建你想要的东西。你不用从"老工厂"带回任何旧零件。只要你愿意，你可以继续经营"老工厂"，直到"新工厂"投入运营。

我们已经帮助数百人使用这种技巧打破旧架构，建立新架构，从而实现了他们自己的梦想。

所以，你现在是不是该创办你的"新工厂"了？

第二十七章

辞旧迎新：为什么要更新大创意

一旦你离开"企鹅"领地，就再也不会回头了。一旦你开发了大创意，成为一名磁性营销者，就不想回头了。但你也有可能会掉入陷阱：不思改变，永远坚持同一个大创意。

但"大创意历险"项目不是这样的。大创意并不是永久的，它们会不断产生和消亡。今天的大创意终有一天会过时，所以你不得不想出新的大创意，如此循环往复。

太多的商业人士认为创业是一劳永逸的事儿。他们在新企业中投入时间和金钱，并奢望永远获利。成功一段时间后，他们载着二十年前的旧观念，继续赶着"驴车"上下颠簸。他们从未想过自己需要一个新的大创意。

如果我们一生中只需要一个大创意，那真是再好不过了。但很抱歉，事实会让你失望。对于大创意，最好采取一种辞旧迎新的热情态度。你可能不会一直更新你的大创意，但至少要对新创意保持开放态度。其实这样做会更有趣，甚至会有令人激动的事情发生。所以，你是不是该不再做一只原地等待的"企鹅"，开启你的"大创意历险"？

术语表

架构师（Architect）：根据理论家开发的模型，帮助客户开发蓝图的人。

希望之袋（Bag of Hope）：销售人员或企业主盲目地希望一个回答是"也许"的潜在客户有一天会成为正式客户。

大图标（BIG Icon）：能代表你的企业的人物或形象，如："清洁先生""固特异飞艇"或"劲量电池兔"。

大创意（BIG Idea）：一些新的、好的、不一样的创意。大创意助你赢得竞争，让你为自己的事业充满热情。

品牌化（Branding）：你的公司在客户心中留下的感觉和想法的组合。

品牌名称（Brand Name）：给你的大创意起的名字，比如"快捷熨烫系统"。

建造者（Builder）：在由承包商协调的项目组中工作的人。

概念龙卷风（Concept Tornado）：创意、概念、符号和模型等元素组成的混乱旋风，让你很难清楚地解释你的企业及其具体业务。

承包商（Contractor）：根据架构师开发的蓝图，实施项目工作的人。

设计导图（Design Map）：用于预先规划实物包装中所有设计元素的图纸。

道德义务（Ethical Imperative）：在当今经济环境下，有良好使命感的企业才能取得成功。

唤起性设计（Evocative Design）：旨在唤起客户的特定想法和感受的实物包装。

快餐服务（Fast Food Business）：以低廉的价格向大批陌生客户销售大量产品和服务。

赠送价值（Free Value）：免费提供有价值的赠品，以吸引更多的潜在客户。

美食服务（Gourmet Business）：以高价向一些熟悉的优质客户提供独特的高端产品和服务。

绿灯（Green Light）：对你所销售的产品完全认可并很感兴趣的潜在客户。

劳工（Laborer）：在由建造者管理的具体工作中完成任务的人。

懒惰销售（Lazy Selling）：销售人员拖延销售过程，不努力拉近与潜在客户的关系或不争取获得预付款。

磁性营销（Magnetic Marketing）：这种营销活动旨在吸引理想客户，让客户主动来敲你的门。

也许世界（Maybe World）：当潜在客户说"也许"时，他们的真正意图是"不"。

新工厂（New Factory）：真实的或虚构的场所，你可以在那里开发并执行你的新创意。

头号客户类型（Number 1 Customer Type）：你真正希望与之合作的客户类型。

老工厂（Old Factory）：在建立"新工厂"的同时，可以继续经营的现有业务。

包装（Packaging）：使你的品牌深入客户心中的创意、文字、图像和体验的组合。

峰值效益（PeakBenefit）：客户真正想要的终极效益，但通常被你忽视。

红灯（Red Light）：你心里知道某个潜在客户永远不会购买你的产品，但你仍在坚持。

销售投手（Sales Pitcher）：使用激进的动态策略向潜在

客户推销产品或服务的销售人员。

象征空间（Symbolspace）：由概念、创意、模式和符号等构成的抽象领域，或将成为 21 世纪的主要经济舞台。

理论家（Theorist）：开发、包装和教导人们了解模式理论的人。

三个盒子（Three Boxes）：向潜在客户提供三种规格的选择——小型、中型、大型——有助于提高销量。

三个 C（ThreeC's）：公司可以提供的三种新福利服务（关怀、指导和协调）

泰坦尼克号技巧（Titanic Technique）：一种通过客户的眼睛看世界，开发对客户极具价值的、新的大创意技巧。

转型经济（Transformation Economy）：一种尽一切可能帮助他人和公司，将他们的状况从糟糕转变为良好的经济模式。

交易经济（Transaction Economy）：以与客户进行交易为基础的经济模式，很少或根本不考虑交易最终的正面或负面影响。

沃尔玛效应（Wal-Mart Effect）：当"快餐服务"巨头（如沃尔玛）把小企业挤出市场时，那些不愿意改变的小企业所遭受的负面影响。

价值金字塔（Value Pyramid）：一种描绘人们在经济中扮演的不同角色的层级模型，模型从顶端的理论家开始到底层的劳工。